ちくま新書

LGBTを読みとく
——クィア・スタディーズ入門

森山至貴
Moriyama noritaka

1242

LGBTを読みとく――クィア・スタディーズ入門【目次】

はじめに

性の多様性について大学で研究していると、私の講義の受講生のリアクションペーパーや、学会発表や講演の後の聴衆の質疑などから、性の多様性、特にセクシュアルマイノリティ（性的少数者。この言葉については第一章で説明します）に関するさまざまな反応を知ることができます。

そのような反応の中には、「あ、この人は本心ではセクシュアルマイノリティを見下しているんだな」と思えるものと、「あ、この人はセクシュアルマイノリティを傷つけないためにはどうしたらよいかを本当に真剣に考えているんだな」と思えるものがあります。あくまで個人的な経験則にすぎませんが、両者の違いがどの辺りにあるのか、もう少し掘り下げてみます。

意外かもしれませんが、セクシュアルマイノリティを見下す心が見え隠れする人がよく使う枕詞は「私はセクシュアルマイノリティに対する偏見を持っていませんが……」です。

曲者なのは最後の「（逆接の）が」で、当然ながらその後に続くのは質問や疑問の体をとったセクシュアルマイノリティへの否定的な言葉です。それが否定的なニュアンスを持つものだからこそ「偏見ではない」と前置きで宣言するわけですが、宣言すれば「偏見」でなくなるわけでは当然ありません。文句は言いたいが自分が「善人」であることは手放したくないという本音が透けて見えている辺り、むしろ痛々しくすらあります。

他方、セクシュアルマイノリティを傷つけたくないと心から考えている人がよく口にするのは、「何が偏見なのか自分はわかっていないかもしれない」という不安です。大事なのは自分に傷つける意図がないことではなく、相手が傷つかないことだ、と直感的にわかっている人は、それゆえに意図せず他者を傷つけることに敏感になります。しかし、その敏感な意識そのものは他者を傷つけないことを保証してはくれず、それゆえ敏感な人ほどこの不安を抱え続けることになります。

ここからうまく抜け出るために重要な一歩が、「何を知っていれば他者を傷つけないで済むのだろうか」という問いです。「知っていれば他者を傷つけずに済むことがあれば知っておきたい」というのは、とても前向きな考え方だと私は思います。

ここまではどちらかというとマジョリティ（多数派）の側の反応でしたが、セクシュアルマイノリティの当事者からもさまざまな反応をもらいます。

少し信用ならないなと思うのは、「私もセクシュアルマイノリティだからあなたの話やあなたの気持ちがよくわかる」と他のセクシュアルマイノリティに対して言い切ってしまう人です（ごくたまにしかいませんが）。セクシュアルマイノリティがこの社会の中で感じる生きづらさ、心ない言葉に傷ついた時のあの感覚は、確かに共有できるかもしれません。しかし、セクシュアルマイノリティといってもさまざまな人がいますし、それぞれの人が抱える苦しみや痛みの形も同じくさまざまです。それを全く知ろうとせずに「共感」するのは、私にはとても乱暴な行為に思えます。

他方で、全く逆に「私は自分とは異なる性のあり方を生きる他のセクシュアルマイノリティのことを何も知らない」という反応を受け取ることもあります。特にセクシュアルマイノリティで私の講義を受講している学生にこの反応が多いです。そしてそのような学生たちは、「授業を通じて知ることができてよかった」「もっと知りたい」という教師冥利に尽きる感想を寄せてくれることもしばしばです。もちろん、私の授業が巧みだからというわけではなく、セクシュアルマイノリティの学生自身が知識に飢えているからでしょう。

ごく限られた範囲の経験から導き出された印象ではありますが、「善人アピール」や安易な「共感」への飛びつきはあまり褒められたものではなく、「もっときちんと知りたい」という欲求の方がよほど貴い、ということになります。

期待と、いくばくかの確信を持って断言してしまいますが、本書を手に取った方の動機もまさに「もっときちんと知りたい」というものではないでしょうか。身近なセクシュアルマイノリティの友人知人と接するためであれ、ひとまずは知的好奇心を満たすためであれ、その欲求に応えることができれば、おそらく世の中は良くなりこそすれ悪くなることはないでしょう。

しかし、マジョリティであるかマイノリティであるかにかかわらず（そして両者の境界は思いのほか曖昧でもあるので）、多様なセクシュアルマイノリティに関して一通りの知識を得ることはなかなかに骨が折れる作業です。一方であまりに基礎的な事柄に絞れば「暗記科目」のようになりかねませんし、他方で基礎知識を前提にした高度な議論に特化すれば、あまりにも多くの読者を振り落としてしまいます。

そこで、セクシュアルマイノリティについて全く知らなくても読むことができて、セクシュアルマイノリティに関する最先端の知見や現代的な諸問題にも対応できる本を本書は目指すことにしました。一冊の中でかなりの急勾配をのぼることにはなりますが、途中に道のない密林や理不尽な崖登りがないよう努めました。

本書の肝となるのは、クィア・スタディーズという、性の多様性を扱うための比較的新しい学問領域です。クィア・スタディーズには、それまでの多様な性のあり方に関する研究にはなかった基本的発想や、それに基づいて生まれたいくつもの重要なキーワードがあります。現代の多様な性のあり方を分析するのにこれらの道具立てが「使える」ことを示すことが、本書のゴール地点です。ここまで達することができれば、かなりハードルの高い「もっときちんと知りたい」という欲求にも応えることができるはずです。

本書の構成を簡単に紹介しておきます。

第一章から第四章までは準備編です。クィア・スタディーズというそれなりに歯ごたえのある学問分野の説明に入る前に、まずは多様な性とその捉え方について押さえておいてほしい知識をダイジェストで紹介していきます。

第一章では多様な性を捉えるのになぜ学問というアプローチが有効なのかを、具体的なエピソードをとりあげつつ説明します。必要なのは良心（だけ）ではなく知識、という本書全体の、そして私自身のスタンスをなるべくわかりやすくお伝えします。

第二章では多様な性のあり方を整理します。性的指向と性自認という概念を中心に、誤解されがちな多様な性のあり方を正しく理解することを目指します。最終的には多様な性が「LGBT」という言葉だけでは括りきれないこともわかるようになるはずです。

第三章では同性愛の歴史をかいつまんで紹介します。同性愛という概念が現在のような形をとるまでには、否定的なイメージをめぐるさまざまなやりとりや、当事者の長い苦闘の歴史がありました。同性愛という概念の定義は、そのような歴史の中で揺らぎながら最終的に現在の形に落ち着いたものです。したがって、歴史を追いかけることは、同性愛に関する誤解が解かれその概念が整理されていく過程を追体験することを意味します。この作業によって、第二章の知識はさらに補強されることになります。

第四章では、トランスジェンダーの歴史を追いかけます。トランスジェンダーの歴史においては、同性愛とは異なる性のあり方としてのトランスジェンダーという概念を明確にしていくことが重要視されました。このプロセスを知ることで、混同されがちな同性愛とトランスジェンダーの違いがさらに明確に理解できるはずです。

第五章と第六章は基本編です。クィア・スタディーズという学問について、知っておいてほしい最重要の知見を紹介します。

第五章では、クィア・スタディーズがどのように生まれ、その基本的な視座はどのようなものかを説明します。クィア・スタディーズという新しい学問が生まれるには、それが必要とされるに至る当時の時代状況の理解が不可欠です。当時の時代状況を概観し、その状況を受け止めて生まれたクィア・スタディーズがどのような発想をその根本に持っているかを説明します。

第六章では、クィア・スタディーズにおいて頻出するいくつかの用語を解説し、クィア・スタディーズがどのような問題にどのようなアプローチで取り組んできたのかを紹介します。「新しい」といってもクィア・スタディーズはすでに四半世紀の歴史を持つ学問です。考え方の洗練や、より新しい問題に取り組むための概念の創出など、重要な変化をいくつも経験しています。その流れを概観します。

第七章は応用編です。第五章と第六章で手に入れたクィア・スタディーズの基本的発想と頻出する用語を携えて、現代日本の性の多様性に関して議論していきます。具体的には、同性婚をめぐる問題と、性同一性障害をめぐる問題を、クィア・スタディーズの視座から考えてみることになります。

最終章の第八章では、クィア・スタディーズの基本を習得した読者に多様な性を現実の世界の中で考えてもらうため、本書の中と外とを橋渡しします。具体的には、多様な性をクィア・スタディーズの視座から考えるためのいくつかのコツを紹介していきます。

言わずもがなのことではありますが、本はどこからどのように読もうと自由です。例えば、多様な性のあり方について一定の知識を持っている人は、第五章以降のみを読むのでもかまわないと思います。「LGBT」について知りたい人は、第二章を読んで次に第七章を読むのも可能でしょう（その上で「「LGBT」だけ分かっても仕方がない」と気づいて他の章も読んでもらえれば、私の思惑通りということになります）。全くの予備知識がない人も、頭から順番に読んで理解していけば最後までたどり着けるようになっているはずですので、心配はいりません。

では、さっそくはじめましょう。

第一章　良心ではなく知識が必要な理由

本書は、多様な性について知りたい人と、多様な性についての学問であるクィア・スタディーズについて知りたい人、両方の期待に応えることを目指します。別の表現に言い換えると、セクシュアルマイノリティ（性的少数者、性的マイノリティ）に関するトピックを本書では主に扱います。クィア・スタディーズはセクシュアルマイノリティについての社会運動や（クィア・スタディーズ以前の）学問に多くを負って生まれた学問領域ですので、「両方の期待」は、かなり多くの部分で重なると考えるからです。

とは言え、セクシュアルマイノリティについて学問する、ということの意義をきちんと確認しておくことはとても重要です。多くの部分で重なるとは、裏返して言えば厳密には別ものということだからです。学問という言葉が敷居を高くするなら、「知識を増やし、それらを常にさまざまな観点から吟味し続けていくこと」と言い換えてもよいかもしれません。本章では、差別に対する知識の観点からのアプローチの重要性、差別をどう考えるかについての知の蓄積の有効性、性の知的な探求そのものの魅力という観点から、この意義を説明します。次章以降の（なかなかに込みいった）議論へ読者を呼びこむための、私なりの「誘い文句」をお伝えするのが本章の目的です。

なお、本書が一貫して用いていく「セクシュアルマイノリティ」という言葉は、性に関して社会の想定する「普通」ではないあり方を生きる人々を指す総称です。第二章で詳しく述べますが、「LGBT」という言葉は、セクシュアルマイノリティの一部しか指しません。多様な性のあり方から何も取りこぼさずに議論を進められるよう、本書ではこの言葉を採用します。

†「普通」という暴力

たった今述べた通り、セクシュアルマイノリティとは、社会の想定する「普通」からはじき出されてしまう性のあり方を生きる人々のことです。少し硬い表現ですが、研究者は「非規範的」な性を生きる人々、という表現を使ったりもします。「規範（norm）」から派生した言葉が「普通（normal）」ですから、確かに「非規範的」＝「普通でない（とされる）」と言い換えられます（筆者の私が普通でないと考えているのではなく、社会が普通でないと考えていることがわかるよう、「普通」と鍵括弧つきで表記しています）。

したがって、セクシュアルマイノリティとは「普通」の性を生きろという圧力によって傷つく人々、と言い換えることができます。「普通」であることを押しつけられ望まぬ生き方を強いられたり、あるいは「普通」でないことをもってからかいや排除の対象となる人々と言ってもよいでしょう。このような「普通」という暴力を、差別と言い換えることもできます。

そして残念なことに、二〇一七年現在、日本（あるいは世界）におけるセクシュアルマイノリティに対する差別は依然として根強いと言わざるを得ません。「普通」の性を生きろという圧力は、今も多くのセクシュアルマイノリティを傷つけ続けているのです。したがって、「普通」という暴力を解除できないアプローチは、そもそもセクシュアルマイノリティについてのアプローチとしては不適格、ということになります。

ところが、「普通」という暴力の問題を取り扱うにあたって、学問というアプローチは一見それほど有効ではありません。政治や社会運動と比べて、「象牙の塔」という比喩でその閉鎖性を揶揄されることもある学問の領域が、直接「世の中をよくする」介入を不得意とすることは事実です。また、医療従事者や心理カウンセラーのように困っているセクシュアルマイノリティ当事者を直接支えるといったこともできません。学問は、介入や援助の技法ではなく、知識を扱う領域だからです（各種の技法もまた実践に関する知識と言えなくもないのですが、ここでは単純に技法と知識を対比させておきます）。

したがって、「普通」という暴力に対するアプローチとして学問が意義を持つと主張するためには、学問が扱うことを得意とする知識こそが「普通」という暴力を解除する鍵になると指摘する必要があります。言い換えれば、多様な性に関して、「世の中をよくする」ことやそれぞれの人々の生を支えることは、知識という基盤がなければ不十分である」と主張できなければなりません。

†「良心」や「道徳」ではなく、なぜ知識が必要か

しかし、多くの人は、暴力や差別は知識ではなく「良心」や「道徳」で防ぐものだ、と

いうイメージを持っています。暴力や差別は他者への悪意を持つ人がおこなうものなので、悪意を持たないようにする・させることが重要だと考えているのです。もっと簡単な表現を用いれば、暴力や差別は「悪い人」がすることなので、みんなが「よい人」になればよい、と思っているわけです。たしかに、小学校や中学校で「差別をなくすために、他者に対する思いやりのある人になりましょう」と教育されることはあっても、「差別をなくすために、賢い人間になりましょう」とはほとんど言われません。ということはやはり暴力や差別の解消に必要なのは、「良心」や「道徳」であって、知識ではないのでしょうか？

この問いに答えるために、「オネエキャラ」をめぐる私の授業の受講生の反応をとりあげます。「良心」や「道徳」を育むことに依存して「普通」という暴力を解決しようとすることは、不十分であったり意味がなかったりするだけではなく、時に逆効果でもあることが明らかになるはずです。

二〇一七年現在、テレビを中心としたメディアの中で「オネエキャラ」が一定の存在感を放っていることを、受講生のほとんどが好意的に捉えています（私の授業を消極的にであれ「好んで」履修している学生が多いので、当然といえば当然ですが）。「オネエキャラ」の存在感がセクシュアルマイノリティへの差別を減らすと期待している学生も多くいます。

もちろん多くの学生は、そのような「キャラクター」がメディアの中でからかいの対象となっていることにも気づいており、視聴者の差別意識を助長しかねないことも危惧しています。期末試験で「オネエキャラ」ブームの「功罪」について出題した際も、多くの学生は差別に関する両義的な側面を上手く指摘していました。

一方で、自分の持つ好意に対して「「オネエ」は才能やセンスがあるから好感が持てる」という理由づけをしている学生が多くいました。これはかなりの問題です。たしかに、メディアに現れる「オネエキャラ」は、ファッションやメイク、フラワーアレンジメントやダンス、あるいは話術などの一芸に秀でた人々が多いのは事実ですし、その才能やセンスの素晴らしさは、視聴するセクシュアルマイノリティ当事者（とくに若者など、アイデンティティの自己肯定の機会が奪われやすい人々）を自己卑下から救うことができるかもしれません。しかし、あれほどまでに才能に秀でていないと「受け入れられず」、さらにそれでもからかいの対象になってしまうとすれば、高水準の才能やセンスを持たない大多数のセクシュアルマイノリティは、むしろ自らがただ全面的にからかわれ差別される対象でしかない、と確信してしまうこともありえます。

当たり前のことですが、「オネエ」だから高水準の才能やセンスがあるのではありません。ですから、「「オネエ」は才能やセンスがあるから好感が持てる」は、才能やセンスのない「オネエ」には好感が持てません、と宣言しているにすぎません。セクシュアルマイノリティに対する差別の根強い社会においては、表向きの好感とその背後の偏見の落差は、具体的なセクシュアルマイノリティの当事者に対する差別の解消に役立つことはほとんどなく、場合によってはさらに傷つけかねません。なぜなら、このような人々は「オネエ」を褒めているようで結局「オネエ」は「普通」ではない、ということを繰り返し述べているにすぎないからです。「普通」という暴力は少しも解除されていません。

実際、セクシュアルマイノリティ当事者の中には、このような才能とセンスの押しつけに嫌気がさしている人も多く存在します。例えば、「オネエはセンスがあるのでそういう友達がほしい」という理由で誰かが近づいてきたら、「私を利用する気満々のあなたに差し出してやるセンスなどない」と拒絶したくなるものです。実は「オネエ（あるいはセクシュアルマイノリティ）はセンスがあるので、そういう人と友達になるため」という理由で私の授業を受講する学生も稀にいるのです。そういう人には「授業にそんなことを期待すべきではなく、またそもそもマイノリティはあなたの人生を豊かに彩るアクセサリーではない」ときつく諭すことにしています。「アクセサリー」扱いはそもそも相手を対等な人間として見ていない差別的なふるまいだからです。男性が妻の魅力を自らの高いステイタスゆえの「戦利品」だとみなしモノのように自慢すること（「トロフィーワイフ」と呼ばれます）に、私たちはもう十分辟易しているはずです。それと同型の「モノ」扱いをセクシュアルマイノリティに対しておこなうことも、また許されるはずがありません。

ただし、ここで私は、「オネエ」あるいはセクシュアルマイノリティは、マジョリティと同じ「普通」の人々である、と指摘したいわけではありません。マイノリティもマジョリティと同じく「普通」の人々であるから差別してはいけない、という論理は、「普通」でないなら差別をしてもよい、の言い換えに過ぎないからです。

むしろ重要なのは、「普通であるか否か」を判断し、そこに意味づけをするのがマジョリティの側、という事態そのものが不当なのだという認識です。「普通じゃないから好感が持てる」も「普通だから好感が持てる」も、意味づけが一方的である点で「普通じゃないから見下してもよい」「普通に過ぎないから見下してもよい」と大差ないのです。

†無知を手放さない、という欺瞞

さらに付け加えなければならないのは、このような一方的な意味づけは、そもそもセクシュアルマイノリティについて知ることなしにおこなわれるということです。ここまで私がずっと意図的に曖昧なままにしてきた「オネエ」という言葉の用いられ方がまさにそのことを示しています。「オネエ」という言葉はそもそもどんな人を指すのでしょう。自身の望む性別である女性に身体が合致するようになんらかの医療的処置を受けている人、恋愛の対象が同性の男性、女性の恰好をすることによって安心感を得る男性、それとも言葉遣いが「女らしい」異性愛男性でしょうか。実際はいずれでもありえますし、いずれであるかの違いはかなり大きいのですが、残念ながらその違いを理解している人は少ないのが現状です。

セクシュアルマイノリティに対する無知が許されてしまっている状況は、「オネエ」という言葉一つとっても明らかです。私の授業ではかなり詳しくその違いを説明するので、先に話題にした学期末試験では「オネエキャラ」ブームの「罪」として「セクシュアルマイノリティの間の違いを暴力的に無視している」と指摘する答案にも多く出会いました。しかし他方では、まさにそのセクシュアルマイノリティの間の違いを全く把握していない答案も、残念ながら若干数存在していました。

セクシュアルマイノリティに対する無知に基づく一方的な（仮に肯定的なものであるにせ

よ）意味づけが批判されるべきなのは、単に知らないだけでなく、積極的に知らないままにしておこう、多様な性の正確な把握に踏み込まないようにしようという欲望に裏打ちされているからです。表向きの好感の背後で「自分とは関係のない、よくわからない人たち」という感覚を手放そうとしない欺瞞、とも言えるかもしれません。

†「LGBT」とまとめることの過ち

セクシュアルマイノリティについてよく知らないのに「よい人」側であることをアピールしようとする営みは、メディアの報道の中にもあふれています。二つほど例を挙げてみます。どちらでも「自分とは関係のない、よくわからない人たち」を指すために「LGBT」という言葉が用いられています。

同性愛差別の被害者が、「LGBT男性」と表現されてしまったことがあります。ある男性同性愛者の大学院生が友人の男性に好意を告白したところ、その友人が周囲にこの学生が同性愛者であることを暴露し（これを「アウティング」と呼びます。他者を差別に晒す危険性の高いプライバシー侵害ですので、強く批判されるべきです）、その後大学の対応の不備などもありこの学生が自殺してしまうという痛ましい事件が二〇一五年に起きました。二〇一六年に学生の遺族が大学とアウティングした学生を訴え、メディアを通じてこの事実が明らかになりました。二〇一七年現在において不明な点が多いのでこれ以上事件の詳細には触れませんが、ここで問題なのは、NHKのニュース報道で被害者が「LGBT男性」と説明されたことです（NHK　首都圏NEWS　WEB、二〇一六年八月五日）。「LGBT男性」という表現が問題なのは、この痛ましい事件の背後にある問題を検討するためのもっとも基本的な情報を正確に伝える、という役割をニュース報道が放棄しているからです。第二章で詳しく説明しますが、「LGBT」というのはレズビアン、ゲイ、バイセクシュアル、トランスジェンダーの頭文字で、それらをまとめて名指す表現です。L、G、Bはひとりの人間が兼ねることはできず（Tとは兼ねることがありえますが、被害者はTではないそうです）、これらの人々の抱える悩みや日常生活上の不利益はかなり異なります。したがって、「LGBT」という語を用いたこの報道は、個人では兼ねることのできない複数要素を被害者個人に無理やり当てはめ、被害者の置かれた状況と最も関係があるその「属性」を曖昧にしてしまっています。裏返せば、被害者の置かれた状況を最低限明らかにする程度の情報すらあやふやな状態でもこの事件の報道として問題がない、と伝え手側が考えていたから、このような言葉遣いになったのでしょう。

同じような事態を、個々のセクシュアルマイノリティのカミングアウトを「ＬＧＢＴ」という表現で括ってしまうオリンピック報道の中にも見つけることができます。「「私はＬＧＢＴ」表明した出場選手が史上最多　リオ五輪」という見出しの記事（朝日新聞ＤＩＧＩＴＡＬ二〇一六年八月二二日　http://www.asahi.com/articles/ASJ8Q2HYMJ8QUTIL00Q.html）があります。すでに指摘した通り、「ＬＧＢＴ」の中には一人の人間が兼ねることのできない要素が含まれていますから、もし見出しを書くならば複数人のカミングアウトをまとめて「私たちはＬＧＢＴ」とするか、記事に出てきた男女それぞれの同性愛者のカップルのエピソードと連関させて「私は同性愛者」とすべきでしょう。

ここには先述の「自分とは関係のない、よくわからない人たち」という感覚のもと、それらを曖昧なまま語ってしまおうという欺瞞が存在します。セクシュアルマイノリティに多くの「種類」があるのは、多様な性のあり方をごちゃ混ぜにしてしまう考え方を当事者が批判し、互いの違いを明確にしてきた歴史が存在するからです。そのことを無視して「ＬＧＢＴ」と括っておけばよいとするならば、それはセクシュアルマイノリティが何に苦しみ何と闘ってきたのかを知るつもりがないことの現れです。報道にかかわる者がそのような感覚の持ち主であることは、当然批判されるべきでしょう。ましてや、自身の性に関して、それも差別に晒されかねない要素に関してのカミングアウトは個々人にとって重要な決断を伴うものですので、その内容に曖昧な形で記事の見出しをつけることは、それ自体カミングアウトという決断に対する敬意を欠いていると言わざるを得ません。

以上二つの例から見えてくるのは、セクシュアルマイノリティの個々の違いは考慮する必要がなく、とりあえず「ＬＧＢＴ」という目新しい言葉で括っておけば「良心的」な側に立てる、という報道のあり方です。性に関して「普通でない」人々を、知ろうとしないまま括っておける、それでいて語る側を「良心的」に見せる便利な総称として「ＬＧＢＴ」という言葉が使われています（「ＬＧＢＴ」という言葉の使われ方のもう一つの特徴については、第七章で検討します）。結局のところ、セクシュアルマイノリティについての基礎的な概念は全然理解されていません。報道機関としては、この怠惰を責められても仕方がないでしょう。

†「良心的」であれば「普通」を押しつけないのか

では、報道機関でない個々人は、知識がなくてもセクシュアルマイノリティに友好的であればそれでよいのでしょうか。確かに「良心的」な人ならば何の知識もなくてもセクシュアルマイノリティを傷つけることはないように思えます。なぜなら「良心的」な人なのですから。

しかし、ここまでに取りあげた例から考えると、マジョリティの側が「良心的」であることでは防げない、あるいは「良心的」であるがゆえに起こる差別があるように思われます。

例えばセクシュアルマイノリティをその「才能」や「センス」ゆえに「受容」した人は、実在のセクシュアルマイノリティに会って多くの場合勝手に落胆することになります。さらには、この落胆はセクシュアルマイノリティに対して勝手に悪い印象をいだく、という事態に裏返ることもしばしばです。落胆した側の望むようなマイノリティ像を当のマイノリティが実現してくれなかったからです。

あるいは差別の被害者に「同情」する「良心」の持ち主は、セクシュアルマイノリティ当事者が差別するマジョリティを批判すると、手のひらを返したように「偉そうだと社会に受け入れてもらえないよ」と「上から目線のアドバイス」をしたりします。このようなマジョリティにとって、「同情」とは自らが相手より上の立場であることを確認するためのものでしかないからです。

「ＬＧＢＴ」のオリンピアンを手放しで賞賛できるという人のなかに、それは自分とは関係ないからという人もいるでしょう。その人が「他人だから賞賛するけど友人がゲイだったら困る」と言うのであれば、率直に言ってかなり厄介な「良心」の持ち主でしかありません。

そして、これらの「良心」こそ、セクシュアルマイノリティに対して抑圧的に働きます。例えば、差別的な発言に対する抗議に、「悪気はない」から許せ、と主張するマジョリティがいたとします（というか、たくさんいます）。この時、「差別する側の意図」と「差別される側の被害」が天秤にかけられ、前者が尊重されることがマイノリティ側に強いられるとしたら、それは、「良心」の暴力以外のなにものでもありません。

このように「良心」が結局のところ暴力になってしまうのは、その「良心」が常にセクシュアルマイノリティに対する一方的で都合の良いイメージの投影に支えられているからです。「才能がある」「センスがある」「かわいそう」「自分とは関係がないはず」「マジョリティ側の「良心」を必ず受け取る」……うんざりするほど過剰なイメージを、セクシュアルマイノリティは負わされます。

イメージの投影でしかセクシュアルマイノリティが判断されないのは、そもそもセクシュアルマイノリティがどんな人々なのかを多くの人が知らないからです。当たり前のことですが、知識がないのに意味づけや判断をしようとするならば、実態ではなく意味づけや判断をする側の予断に頼るしかありません。

裏返せば、「良心」に基づく差別をなくすには、仮にそれがよいものであろうと悪いものであろうと、投影されるイメージを確実な知識に置き換えていかねばなりません。ポイントは「よいものであろうと」の部分です。イメージの投影そのものが差別の温床であるのならば、「褒めている、持ち上げている」のだからかまわないわけではない、と考えることが重要です。

だからこそ、「普通」を押しつけないため、差別をしないためには知識が、もっと踏み込んで言うならば学問が必要なのです。学問には「肯定的に評価していれば事実誤認でもかまわない」という基準はありません。イメージの投影は「正しくない」という意味でいかなるものであれ批判されるのが学問の「流儀」です。したがって、「良心」に基づく差別を解消する方法として、学問は高い意義を持つと言えるはずです。

†知ったかぶりの問題性

投影されるイメージを正確な知識で置き換えねばならないのは、このイメージが「知識」の名を騙る、言い換えれば差別が知ったかぶりの形をとって現れるからでもあります。

セクシュアルマイノリティに関するものに限らず、差別を批判された人が「私には○○の友達がいて○○について知っているから○○を差別するはずがない」というよくわからない独りよがりな言い訳をすることがあります（当たり前のことですが、ある事象が差別か否かは、差別した側にどんな友人がいるかで決まったりはしません）。このような語り口は、黒人差別に関する議論の中で"I have black friends"論法と呼ばれ批判されてきました。この論法は、「これは差別ではない」と主張するために被差別者について何かを「知っていること」を持ち出します。そのため、差別を知識によって乗り越えることができるという基本的な認識を共有しているともいえます。しかし、どんなことが分かっていれば「知っている」ことになるのかの基準を、「知っている」側（＝差別する側）が一方的に決めているので、実際には単に勝手なイメージが投影されるだけなのです。それゆえ、結局のところこの論法は差別の言い訳にしかなりません（男性同性愛者に関する知ったかぶりの問題性については、ヴィンセント他［一九九七］が重点的に論じています）。

裏を返せば、独りよがりで知ったかぶりの「いい人」アピールよりも、正確な知識を持っていることの方が、他者を差別しないためには重要なのです。じっくりと冷静に知識を得ることで、自称「いい人」から多くの人が脱皮することが、差別のない世の中を作る一番の近道だと、私は考えています。

†この程度まで知ってほしい基準

しかし、知識重視の姿勢には、どのぐらいまで知れば十分なのか、という問いが残っています。そもそも何もかもを知ることはできないのだから、知らないことは「罪」ではない、知らないからといって責められてはかなわない、と開き直りたい気分を持つ人もいるかもしれません。しかしよく考えてみれば、これは単なる難癖です。一点の曇りもない清廉潔白な人間になるのは不可能だからどれだけ後ろ暗い人間であってもかまわない、と誰かが主張したら、「いや、人を傷つけない程度には誠実であれよ」と応答してかまわないはずです。同様に、何もかもを知ることができないことに開き直ろうとしたら、「人を傷つけない程度にはものを知っているべきだ」と返答すればよいのです。知ることに全面的に背を向けることのわかりやすさとその暴力性は、「何を知っているべきか」についての冷静な議論に置き換えられるべきです。

そこで本書では、「みながこの程度まで知っていれば十分にセクシュアルマイノリティに対する差別は解消されうる」と私が考える知識を、なるべくポイントを絞って記述しました。本書はクィア・スタディーズという学問領域を扱いますが、実際にこの分野に専門的に関わる研究者や学生以外の人も知っていることが望ましい基礎的な知識のみを扱い、そこからはみ出るのをなるべく避けるようにしたつもりです（とはいえ、この本をわざわざ手にとった読者の知性への信頼から、かなりはみ出て記述したところもあるのですが）。

†蓄積の強みを活かす

学問の領域では差別の解決そのものに関する研究が多くなされてきたことも、学問の強みの一つです。「人々が性に関して差別をしてしまう社会はどんな社会か」「過去、それを変えるためにどんな営みがあり、どう成功したり失敗したりしたのか」「これらの知見は今にどう活かせるか」、こういったことを調べて考える営みは、学問の得意とするところです。例えば、差別が人々の「心」の問題ではなく社会構造の問題であることを示すために、構造的差別という表現を用いることがあります（差別には構造的なものとそうでないものがあるのではなく、構造が差別を生み出すことを強調するために構造的差別と表現します）。

あるいは、差別の原因を人々の偏見に求めることの不適切さを主張する研究も存在します。また、学問が知識の集合的な蓄積という営みであることの強みもあります。個人が明らかにできる知見には限界がありますし、何より人は知ったことをすぐ忘れてしまいます。それゆえ、協同して忘れずに積み上げる努力の結果としての知見はきわめて重要です。例えば、本章前半でとりあげた期末試験では、「オネエブームはここ数年ではじめて現れた新しい現象である」という記述が散見されました。しかし、男性同性愛者がメディアで多くとり上げられる「ブーム」（残念ながら否定的な論調の場合も多かったのですが）は、日本社会において過去何度か存在しました。とすれば、「新しい」と判断し思考停止する前に、過去の「ブーム」はどうだったのか、それは差別的だったのか、といった点を調べ、現在の「ブーム」を考える手がかりにすることができます。

本書が取り扱うクィア・スタディーズもまた、セクシュアルマイノリティについての学問と、そして何より社会運動の膨大な蓄積に基づく研究領域です。本書では、蓄積の強みとそこから開ける新たな視座の魅力をともに紹介するため、蓄積の記述（第二章から第四章）と新しい視座の記述（第五章から第八章）の両方をカバーする構成をとっています。

†多様な性について知ることの魅力

最後に、知的好奇心が満たされるという学問のもう一つの重要な魅力がクィア・スタディーズにもあるということを述べたいと思います。ここまでずっと差別というシリアスな問題について述べてきましたが、多様な性について知ることは、多様な性に対する差別について知ることに還元されません。差別から離れて多様な性のあり方を認識できた上でなら、その多様さを詳しく調べたり考えたりすることはそれ自体楽しいし、楽しいことであっても全くかまわないのです。例えば、文学や演劇の中に描かれる多様な性を味わうことの面白さは、それ自体文学や演劇の楽しみの重要な要素です。クィア・リーディング（クィア・スタディーズの視座に基づく文学作品の読解）のある論文集では、クィア・リーディングの魅力を「文学を読むことの快楽と、狭い意味での性的快楽との区別を、意図的に混線させる試み」という鮮やかなレトリックで表現しています（村山　二〇〇五）。多様な性について多方面から考えることそれ自体の面白さが、シリアスな問題の考察の重要性と同居できるよう、本書の記述にも知的好奇心をかきたてる事実をそれなりにちりばめたつもりです。

もちろん、多様な性について知ることが単なる「覗き趣味」を満たすことにならないよう、一定の節度と前提となる知識は必要です。本書は専門的な予備知識なしで読んでも大丈夫なよう、前提として必要な知識には満遍なく触れていますので、読破してぜひ思う存分に知識欲と知的好奇心を満たしてください。

それでは、早速多様な性をめぐる知識の集積へと分け入っていきます。次章ではまず、必ず知っておいてほしい基礎中の基礎の知識を確認していきます。

第二章　「LGBT」とは何を、誰を指しているのか

本章では、セクシュアルマイノリティの多様さを紐解いていく第一歩として、「LGBT」の各項目を一つずつ確認していきます。二〇一七年現在、各種メディアでは「オネエ」が人気を博し、男性間の性愛を描いた「ボーイズラブ（BL）」「やおい」は今や恒常的にファンを集める一大ジャンルです。しかしこのような断片的な（場合によっては曖昧な）情報は、性の多様性に対する関心を喚起することはできても、多様性そのものを正確に理解するのにはそれほど役に立ちません。そこで本章では、まずは理解のための基礎知識をしっかりと確認していきます。

その際、多様なセクシュアルマイノリティの間の異同を正確に理解するために、いくつかの基本的な概念も導入していきます。性の多様性を擁護する主張は、ともすると「なんでもあり」で片付けられがちですが、「なんでもあり」という浅い理解と共感は「大きな勘違い」と「知ったかぶり」の温床でもあります。いくつかの概念に基づき、「ＬＧＢＴ」の各項目を関連づけたり対比させたりしながら丁寧に理解していくことで、性の多様性をひとまずは一枚の地図の上に整理された形で描きましょう。次章以降で迷子にならないための地図を確保すること、それが本章の目的です。なお、便宜上Ｌ、Ｇ、Ｂ、Ｔの順序で説明していきますが、先に（後に）説明するほうが重要、といったことはありません。

†同性愛への誤解を解く

Ｌ（lesbian レズビアン）とＧ（gay ゲイ）という言葉は、それぞれ女性同性愛者・男性同性愛者と言い換えることができます。なんだ同性愛のことか、それなら理解は容易だ、と片付けてしまいたくなるかもしれませんが、残念なことに同性愛について誤解をしている人は未だに少なくありません。正確な理解のためにいくつか説明を加えておきます。

まず、ある個人の恋愛感情や性的欲望がどこに向かうかを意味する、性的指向（sexual

orientation）という概念を導入しましょう。この概念は、恋愛感情や性的欲望がどの性別の人に向かうか、に特に意味を限定して使われることが多いので、本書でもそのように限定して使います。

さて、この性的指向という概念の要点は、個人の性別と、恋愛感情や性的欲望の向かう先の性別は連動していない、両者は独立したものだ、とはっきりさせたことにあります。「人は異性にこそ恋愛感情や性的欲望を抱くものだ」という思い込みのもとでは、この両者が別の要素だと認識することは容易ではありません。しかし、性的指向という概念を、異性愛を前提とした（＝異性に恋愛感情や性的欲望を抱くことを当然とする）性別の概念から適切に分離することによって、性別と性的指向の組み合わせで異性愛以外の性愛の形をも正確に記述していくことが可能になったのです。

例えば、性別と性的指向が独立している、という要点をつかまえていれば、「ゲイは女性的な容貌 or 性格である」「レズビアンは男性的な容貌 or 性格である」という記述が間違っているのが容易に理解できるでしょう。性別と性的指向が異性愛をモデルとした形で連動していると思い込んでいるから、ある男性の性的指向が男性に向いているならその人物には女性らしいと解釈できる要素があるに違いない（その逆もしかり）、と考えてしまうのです。しかし、性別と性的指向は独立しているため、個々のケースで上記の記述にたまたま合致することがあったとしても、それが当然の事態として同性愛者全体に当てはまることはありません。

つまり、ゲイが「女性的」であるとか、レズビアンは「男性的」である、と決めつけることはできないのです。性的指向という概念は、正確に理解すれば上記のような決めつけを解除するのに有用と言えるでしょう（もちろん、「男性的」「女性的」という言葉の内実自体もまた自明ではないということは補足しておきます）。

また、異性愛とその他の性愛の形の間に優劣をつけずに考えることができるのも、性的指向という概念を使って思考することの利点です。性別と性的指向の組み合わせは、それぞれの項を設定しさえすれば（例えば前者は男性、後者の対象は女性ならその人は男性異性愛者、というように）導き出されるものです。したがって、性別と性的指向という概念を組み合わせてさまざまな性愛の可能性を考えるかぎりにおいて、個々の可能性のうちのどれかが「普通」で「望ましい」、ということはありません。むしろ、それらの性愛の形が平等に扱われてよいはずなのにもかかわらず、なぜ特定の形は尊重され、他の形は差別されるのかという問いが、性的指向という概念を用いることによって、問われるべきものとして浮かび上がってくるといえるでしょう。

†「生物学的に正しくない」はどこが間違っているか

ここで、「そんなことはない、異性愛が他に比べて優位である（べき）理由はある」という主張のうちもっともよくあるものを検討し、あらかじめ退けておきます。この種の「差別を正当化したい」主張は、異性愛以外の性愛の形は「生物学的に正しくない」という点を論拠としてよく挙げます。しかし、これは大変奇妙な主張です。なぜなら、「生物学的に正しくない」という表現を意味が通ったかたちで解釈することができないからです。「生物学的に正しくない」という主張は、すでにわかっている生物学の知見と矛盾することと解釈できます。なぜなら、現在の生物学でわからないことそれ自体は「正しくない」ことではないからです。しかし、異性愛以外の性愛の形は特に生物学の知見と矛盾しているわけではありません。「脳から繋がる神経が全くないにもかかわらず全身を意図的に動かせる」とか「身体が重力の影響を全く受けず、無重力空間にいるように生活できる」といったような、自然法則から外れる現象は起こっていないからです。仮に異性愛以外の性愛の形に否定的な人でも、それらを超常現象やオカルトと同類視しているわけではないでしょう。そうすると、異性愛以外の性愛の形は生物学的には十分ありうるもので、「生物学的に正しくない」という表現は間違っている、ということになります。

また、「生殖・種の保存という生物の営みの基礎的な条件を満たせない」ことをもって「生物学的に正しくない」と表現しているという主張も、一貫したものとみなすことはできません。あらゆる生物種において生殖活動をする個体もしない個体も存在しますから、生殖活動をしないがゆえに「生物学的に正しくない」とすると、私たちの世界には「生物学的に正しくない」牛や馬や豚や鶏やアリやアザラシやパンダなどが多数存在することになります。しかし、私たちはこれらに対して「生物学的に正しくない」という表現を使うことはほぼありません。そもそも生物学は個別の生物の生き方を「正しい」とか「正しくない」とか論評する学問ではありませんから、生殖したりしなかったりする生物を調べ、珍しかったりよくわからなかったりする現象の仕組みについて調査し分析し考察するだけです。

つまり、どのように好意的に解釈したとしても、「生物学的」という言葉を冠した時点で「正しくない」という表現が解釈の行き場を失うのです。ということは、「正しくない」という規範的な判断を正当化するために、「生物学的」という表現が権威づけに持ちだされ、そして失敗している、と考えるのが妥当でしょう。「生物学」の後ろ盾がなければ、要するに「人間よ、生殖しろ」と命令しているだけですから、個人の自由を認める近代の人権思想の否定をさも正しいことのように言っているだけにすぎません。

生殖に結びつかない性のあり方は「正しくない」という判断を維持するために、「生物学」から離れて「(同性愛者の)人権や個人の自由は不要」といった勇ましい主義主張をしたとしても、その先は行き止まりです。なぜならその場合はさらに、「高齢者などを含む、生殖機能の働かない人」を同性愛者などと同列にかつ劣位なものとして扱うのか、そうでないとしたらその差はいかなる立場によって正当化されるのかといった、一貫性を保つのが難しいいくつもの論点をクリアしなければならないからです。それらが失敗するとしたら(間違いなく失敗するのですが)、結局最初の主張は「他人を差別したいがゆえの思いつき」の域を越えるものにはならないでしょう。もちろん単なる思いつきであれその被害を受ける側にとっては大問題であり、対処が必要なことは言うまでもありません。

要は異性愛以外の性愛への差別がない社会とある社会、どちらが「正しい」かという主張の差異に帰着するわけです。そのため、そこでまともな論拠を提示できず「生物学」の権威を持ちださざるをえない後者の立場はかなり分が悪いということは、ここまでの議論を見れば一目瞭然です。むしろ、分が悪いにもかかわらずなぜ「隙あらば同性愛者（や両性愛者など）を差別してやろう」と思う人が絶えないのかという問いを考える方が生産的でしょう。

†レズビアン・ゲイという表現

レズビアンとゲイについて、性的指向という概念を用いて説明しましたが、この単語そのものについて補足しておきます。レズビアン（lesbian）という語は、女性に対する愛の詩を多く残した紀元前ギリシャの詩人サッフォーが住んだレスボス島に由来する言葉ですが、女性同性愛者を指す言葉として登場したのは一九世紀末であり、日本で使われるようになったのは戦後になってからです。ゲイ（gay）という言葉を同性愛者が自らを表現する言葉として使うようになったのは一九五〇年代のアメリカです。日本でも同時期から、男性同士の出会いを提供するバーで働く中性的あるいは女性的な装いや言葉遣いを見せる男性をゲイと呼ぶようになりますが、現在のように男性同性愛者を指す言葉としてゲイが用いられるのは一九九〇年代以降のことです。また、ゲイという言葉は英語圏では男性同性愛者と女性同性愛者の両方を指し示すため、特に前者を指すときにはゲイ男性（gay man）と表現することもありますが、日本語では前者を指すものとして流通していますので、本書では男性同性愛者のみを指すものとして用います。

また、女性同性愛者を指す「レズ」、男性同性愛者を指す「ホモ」という言葉はそれぞれ「レズビアン」「ホモセクシュアル」の単なる省略形ではなく、同性愛者に対する侮蔑の意味を込めて使われてきた歴史を持つものです。当人が自嘲や自虐として用いるならともかく、他者に対して用いるべきものではありません。「差別するつもりはないのだからレズやホモと呼びかけてもよいはずだ」との主張には、「言葉を差し向けられた相手が傷つかないことを最優先すれば済むのにそうしない人の「差別するつもりはない」を額面通りに受け取れるはずがない」と返すことができます。どんな語で呼びかけるかは呼びかける側の（差別）意識をはっきりと表します。繰り返しになりますが、相手を傷つける可能性の少ない「レズビアン」「ゲイ」「同性愛（者）」といった言葉を使うようにしましょう。

†バイセクシュアルとは何か

男性と女性の双方が性愛の対象となる性的指向を持つ人をあらわす、バイセクシュアル（bisexual）という概念についても、性的指向という道具立てを用いて正確に理解しておきましょう。性別と性的指向を分けることで、「男性の性愛の対象は女性」「女性の性愛の対象は男性」という思い込みを取り除くことができますが、ここでさらに押さえておくべきことがあります。つまり、性的指向という言葉には、その向かう性別が一つであるべきとの主張は含まれていない、という点です。性的指向の先が男性と女性の双方に向かう両性愛もまた、一つの性愛の形として存在しており、同性愛や異性愛との間に優劣はありません。

両性愛と、異性愛や同性愛との間に優劣がない、と確認するのには、実は重要な理由があります。歴史上、そして今でも、両性愛を過剰に持ち上げたり逆に見下したりすることで、バイセクシュアルの人々を翻弄し被害をもたらすという事態がよくあるのです。一方でバイセクシュアルは、「片方の性別しか愛することのできない」不自由さを超えた、来るべき最善の性愛を実現する人として賞賛されますが、人類の未来を勝手に背負わされた当人からすれば大迷惑です。他方でバイセクシュアルは、「いずれ異性愛の関係に帰っていく」とみなされ、心ない一部の同性愛者からは「どっちつかず」の「裏切り者」として非難されます。いずれの場合でも、多様な性愛の間に優劣はない、という大原則が、両性愛に関してはあっさり忘れ去られてしまうところが問題です。

両性愛について、「性的指向の向く先が男性と女性の双方である」との説明にも補足が必要です。同性愛者や異性愛者がそれぞれ特定の性別の人に恋愛感情や性的欲望を抱くように「同性愛モード」と「異性愛モード」の両方があり、それが自身の中に共存しているという実感を持つ人や、恋愛感情や性的欲望を抱く対象の基準に性別が含まれず、性別に関係のない性愛を結果として両性愛ととりあえず説明している人など（後者を特にパンセクシュアルと呼んだりもします）、バイセクシュアル当人のリアリティも多様です。違った角度から表現すると、性的指向という概念は、多様な性愛をとりあえず分類するには便利ですが、人々の性愛のリアリティを十分に掬い上げることができるほど万能ではありません。地図が航空写真と違ってきわめて単純化されたものであるのと同じく、性的指向もあくまで分類整理のための道具だと押さえておきましょう。

†トランスジェンダーとは何か

ＬＧＢＴの四つ目の頭文字、Ｔはトランスジェンダー（transgender）についても、いくつかの概念をさらに導入しつつ整理してみます。トランスジェンダーという言葉を分解すればジェンダー（gender）を越境（trans）する者、というとりあえずの説明が可能ですが、そもそもジェンダーという言葉を知らない人にはこの説明は明らかに不十分です。

まず押さえておくべきは、ジェンダーと、それと対になる概念としてのセックス（sex）です。

セックスは日本語ではたいてい性行為のことを指しますが、ここでの意味は「生物学的性別（ないし性差）」です。出産後すぐに新生児について母親に「元気な女の子／男の子ですよ」などと医師や看護師、助産師が言うことに典型的ですが、医学（や生物学などの自然科学）は身体の特徴によって私たちに女あるいは男という「性別」を割り当てます。このようにして割り当てられた「性別」あるいはそのような意味での「男女」間の差異（性差）をセックスと言います。

他方、ジェンダーは「社会的性別（ないし性差）」です。多くの社会には「女／男はこうすべき」といった「女らしさ」「男らしさ」に関する規範があります。このように、社会は性別に応じて個々人に望ましい／望ましくない振る舞いを割り当てます。割り当てられたこの規範の性別による違いのことをジェンダーと言います。例えば、最近では多くの大学で開講されているであろう「ジェンダー論」という名前の授業は、どこに力点を置くかはそれぞれに違っても、社会の「女らしさ」「男らしさ」、すなわち、性別に応じて異なって割り当てられる規範を学術的かつ批判的に捉える営みだという点では共通しています。

　しかし、ここからトランスジェンダーとは「男らしくない（あるいは女らしい）男性」や「女らしくない（あるいは男らしい）女性」のことを指すと結論づけてはいけません。そのことを理解するためには、ジェンダーについてもう一歩踏み込んだ理解をしなければなりません。

　ジェンダーという規範は「あなたは女／男なんだから〇〇しなさい」という形で人々に課されますが、この要求の中には「〇〇」に関する押しつけだけでなく、「あなたは女／男」という決めつけが含まれていることが決定的に重要です。ジェンダーとは、私の側の事情と欲求にかかわらず、他者から男か女かを割り当てられ、それにふさわしい態度や行動をとるよう強制される、その現象のことを指すのです。

　トランスジェンダーは、このように社会が手を変え品を変え割り当てようとする「性別」とは異なる性別を生きる現象、またはそのように生きる人々を指します。そのような生き方は、「ある性別からある性別へとその境界を飛び越えた」ように見えるので、トランス（＝越境する）ジェンダーと呼ばれるわけです。

†トランスセクシュアル・トランスジェンダー・トランスヴェスタイト

さらに、トランスジェンダーの人々が「性別」のどのような割り当てられ方と異なる性別を生きていると感じるか、裏返せばトランスジェンダーの人々がどこに力点を置いて自身の越境を意味づけているかによって、トランスジェンダーをいくつかの種類に分けることができます。

ここからの検討をわかりやすくするために、性自認という概念をさらに導入しましょう。呼んで字のごとく、自身の性別が何であると認識しているか、ということです。この言葉を使うと、トランスジェンダーとは、自身の性別に関して、割り当てられた「性別」のあり方とは何らかの意味で異なる性自認を持つ人、と言い直すことができます。

身体的な特徴をもとに割り当てられる性別とは異なる性自認を生きるトランスジェンダーの人々を、特にトランスセクシュアル（transsexual）と呼びます。セックスが性自認と一致しない、と説明してもよいでしょう。性自認は男性なのに「女性の身体」で生きなければならない、あるいはその逆、などといった深刻な辛さをトランスセクシュアルの人々は抱えている、と言えます。生物学的「性別」を根拠に割り当てられる性別を生きるのではなく、場合によっては自身の性自認に沿う形に身体を（例えば医学的な手段で）変化させていくことを、トランスセクシュアルの人々は望んでいます（トランスジェンダーの下位分類にトランスセクシュアルが含まれると理解できた人は「ではセックスとジェンダーは二項対立ではなく、ジェンダーの中にセックスが包含されるのでは」と思うかもしれません。その通り、その話は第六章で再び取り上げます）。

また、他者からの性別の割り当てと異なる性自認を生きるトランスジェンダーの人々を、（ややこしい言い方ですが）狭義のトランスジェンダー、と呼ぶことがあります。ジェンダーという概念の肝の後半は、他者による男か女かの決めつけを問題視したものでした。このことを思い出すと、例えば、「あなたは私を男／女と判断するが、私は女性／男性だ」とトランスジェンダーの人々は主張している、と考えることができます。違った角度から表現すると、トランスジェンダーの女性／男性にとって、自身の身体が生物学的には男性／女性であることは必ずしも問題ではなく（医学的な手段などによる身体の改変を必ずしも望むものではなく）、性自認と異なる望まない「性別」を他者が押しつけてしまうことが問題だ、と言えます。

ジェンダーという概念の肝の前半は「女らしさ」「男らしさ」の強制でしたが、その中の容姿（服装や化粧など）に関する「女らしさ」「男らしさ」の割り当てに抵抗する人々をトランスヴェスタイト（transvestite）と呼びます（crossdresser クロスドレッサー、とも呼ばれたりします）。例えば「あなたは私が女だから女の恰好をしろ、と言うが、私は男の恰好をしたい」「あなたは私が男だから男の恰好をしろ、と言うが、私は女の恰好をしたい」などとトランスヴェスタイトの人々は主張します。ここで二点補足しておきましょう。第一に、トランスヴェスタイトの人々の性自認はここでは必ずしも問題ではありません。例えば、周囲から（「生物学的に女性だから」などの理由で）女性とみなされ、「女の恰好」でいることを要求される人が「男の恰好」をしたいと望む場合、この人の性自認は男性の場合も、女性の場合もどちらもありえます。第二に、すべてのトランスヴェスタイトの人々が常に異性装（異性の恰好をすること）をして生活しているとは限りません。「周囲の目が許さない」などの理由もありますが、当人がフルタイムでなくパートタイムの異性装を望んでいる場合もあります。

ここまでの説明をまとめると、（広義の）トランスジェンダーという概念の中には、トランスセクシュアル、狭義のトランスジェンダー、トランスヴェスタイトという、大きく分けて三種類のあり方が含まれているということになります。この三種類は概念上も、実

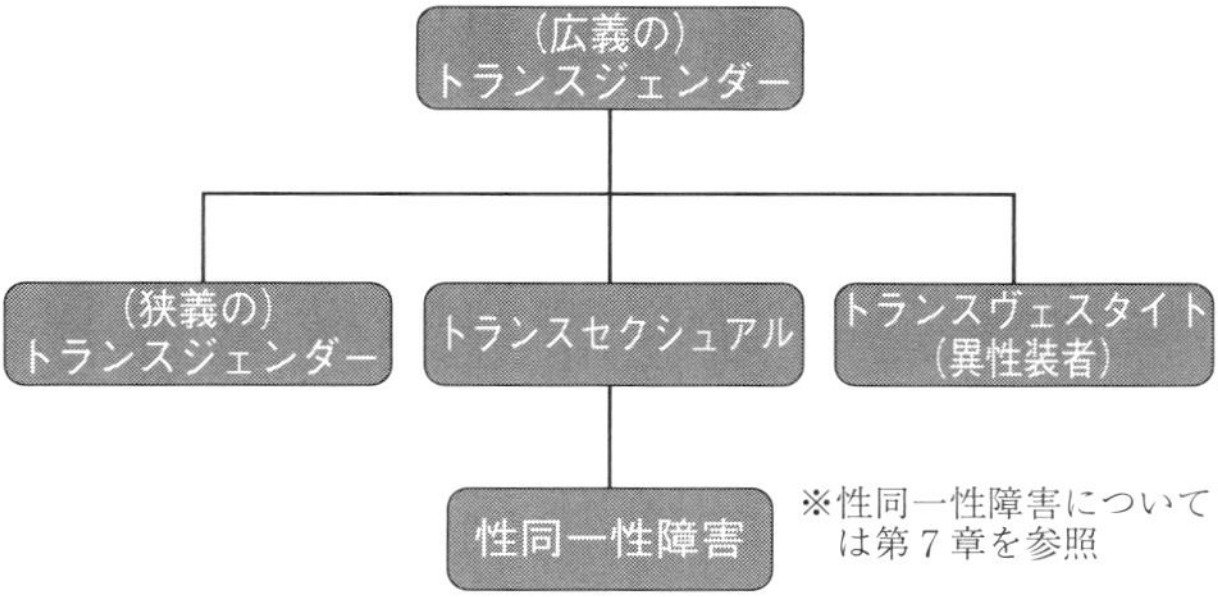

トランスジェンダー概念の見取り図

際のトランスジェンダー当人のあり方としても重なり合う部分がありますので、あくまで便宜上の分類に過ぎません。

便宜上の分類ですらかなり複雑に思える人もいるかもしれませんが、それはトランスジェンダーの人々が「風変わり過ぎる」からではありません。むしろ、私たちの社会があまりに多くの要素を串刺しにして「女性／男性である」こととして把握していることの裏返しだと考えるべきです。串刺しになっているどの要素の割り当てに対して越境を行うのかによってトランスジェンダーは多様な形をとります。そして、このことは、トランスジェンダーでない多くの人々がなぜこれほどまでに多様な要素を「女性／男性であること」に関連づけて混乱せずに暮らせてしまえるのか、という新たな問いを引き起こします。この点については、第六章でパフォーマティヴィティという言葉に着目して考えることにしましょう。

†「LGBT」を理解することから漏れてしまうもの

ここまでLGBTの各項目を説明したので、多くの人は「LGBTについて正しく理解すること」が重要だとの結論に至るでしょう。確かに、LGBT当事者は多くの社会で（そして日本社会で）きわめて深刻な差別の対象となっていますし、その大きな原因のひとつはLGBTに対する無理解であるゆえ、「LGBTについて正しく理解すること」が社会全体の急務なのは間違いありません。

しかし、「LGBTについて正しく理解すること」からは漏れてしまうものの中にも、私たちの性のあり方に関する重要な要素が多く存在します。本章の最後に、二つの観点からその「漏れ」を押さえておきます。

まず、ここまでに紹介したいくつかの概念を用いることで、「LGBT」ではないセクシュアルマイノリティのあり方を考えることができます。

例えば、性的指向という言葉がその対象の性別の「数」を一つに限定されず、両性愛者が「男女」双方を性愛の対象とすることも踏まえるならば、今度は性愛の対象となる性別のない人を考えることもできます。これらの人々をアセクシュアル（asexual）と呼ぶことがあります（「ア［a］」は否定の接頭辞です）。

また、性的指向のあり方は異性愛だけではないこと、性自認がセックスと異なることもあること、を組み合わせると、トランスジェンダーの同性愛者を考えることができます。セックスは女性であるが性自認が男性であるトランスセクシュアルの人が存在し、その性愛の対象が男性であった場合、その人はトランスセクシュアルでありかつ男性同性愛者です。ちなみに、個々人の性のリアリティを尊重するため、ある人の性別は、その人のセックスや容姿に基づいてではなく性自認に基づいて判断すべきだと私は考えています。ですから、この例の人物は女性ではなく男性といえます。本書全体において鍵括弧なしの性別という表現はすべて性自認と置き換えても全く矛盾がないことを確認してみてください。

ここまでのさまざまな箇所で「女性か男性か」という二項対立を基礎に説明を加えてきましたが、性自認や性的指向の概念に「性別は二つである」との前提条件はつけられていませんから、女性でも男性でもない性別の人を想定することもできます。そのような性別を生きる人々は、日本では特にXジェンダー（エックスジェンダー）と呼ばれたりします。

また、生物学的に見た場合の性（＝セックス）についても、本当に男女の二つにはっきりと分けられるのかは、丁寧に考えるべきです。世の中には女性と男性しか存在しないという見方（「性別二元論」と呼びます）に「ＬＧＢＴ」概念が囚われていないか、疑ってかかるべきでしょう。

そして何より重要なのは、たった今挙げたような性のあり方を生きる人々は、単に想像上の産物なのではなく、現に存在するということです。とすれば、「ＬＧＢＴについて正しく理解すること」は、理解されるべき他の性のあり方、そしてその性を生きる人を無視する場合、大きな問題を抱えることになります。

†歴史から学ぶべき

もう一つの観点は、人々の性のあり方を一枚の地図の上に描く、すなわちいくつかの概念を使って整理していく、という営みそのもので私たちは何をしているのか、あるいはそうやって一枚の地図を正確に描くことが本当に多様な性のあり方を等しく尊重することに繋がるのか、というものです。仮にＬＧＢＴだけでなく、その他の多様な性のあり方をも書き落とさずに一枚の地図の上に描くことができたとしても、当の描き込みのルールに何か大きな欠陥や不備があるとすれば、それは事実上特定の要素を軽視した地図を描いたのと変わりはありません。

いわば私たちは、本章で手に入れた一枚の地図の使い心地を確かめるため、この地図を成り立たせている地図記号と表記法の成り立ちを吟味しなければならないのです。まずはこれらの生まれた現場に潜り込んでみましょう。その現場は、レズビアンやゲイ、バイセクシュアル、トランスジェンダーの人々がどのような概念や思想に基づいて生き、そして闘ってきたのかという歴史の中にあります。そこで続く第三章と第四章では、セクシュアルマイノリティの社会運動の歴史をたどっていきます。

第三章

レズビアン／ゲイの歴史

†「同性愛」はいつうまれたか

世界の歴史を遡っていくと、かなり古い時代にも同性愛者が存在したように一見思えます。日本の歴史を紐解いて、奈良時代以降寺院で年長男性と性行為をしていた稚児、室町時代以降武士の間で取り結ばれていた衆道、江戸時代以降の陰間遊びなどを思い浮かべる人もいるでしょう。あるいは、古代ギリシャにおいてソクラテスは少年と性的な関係にあったとか、サッフォーという女性詩人が女性への愛を謳う詩を多く書いた、というエピソードを思い出す人もいるかもしれません。

確かに、有史以来多くの地域、多くの時代において同性間の親密な関係性が存在し、また同性間において性行為がなされていたことは事実です。女性同士の親密な関係性は一九〇〇年代以前にはほとんど存在しなかったとの想定に基づく研究もかつては少なくありませんでしたが、現在ではこの通説を覆す研究もたくさん行われるようになりました。女性間、男性間どちらの親密な関係性の存在を示す資料も、今では比較的容易に確かめることができます。

しかし、このことをもって「同性愛は大昔から存在した」と結論づけるのは早計です。なぜなら、このような認識は、同性愛という概念が生まれ、流通することによって、同性間の親密な関係性や性行為に対する人々の考え方が大きく変わってしまったことを見落としているからです。

そこで本章では、「同性愛」という概念の誕生とそれが同性間の親密性や性行為に関する人々の考え方をどのように変化させたか、そしてこの変化がその後どんな状況を生み出したのかを、歴史を駆け足で追いながら確かめます。もちろんこの変化の時期や内実は国や地域によって異なりますので、本書では思い切ってつまみ食いをします。「海外編」として一九世紀末から二〇世紀初頭のドイツとイギリス、および第二次世界大戦後のアメリカを駆け抜け、「日本編」として、一九一〇年代と一九五〇年代を重点的に取り上げます。歴史の枝葉を大きく伐採し、前章で描き上げた地図のうちの同性愛に関する部分の成立過程を追うのが本章の課題です（「日本編」との関連がわかりやすいと私が考える要素に絞った結果、「海外編」は多分に西洋中心主義的になってしまいました。東アジアの話題は「読書案内」でとりあげて不足を補うことにします）。

†同性愛はいかに問題にされてきたのか

中世ヨーロッパのキリスト教世界には、同性間の性行為だけをとりあげて異性間のそれと対置するような枠組みはほとんどありませんでした。男性同士の性行為を含むさまざまな生殖に結びつかない性行為はソドミー（sodomy）という呼び名で一括りにされ、宗教上の罪とされていたからです。ソドミーは生殖に結びつく異性間の性行為以外の「自然に反する」性行為、例えば男性間の場合を含む肛門性交や、獣姦、避妊具を使った異性間の性行為などを指しました。その後、イギリスなどで同性間の性行為が法律上の犯罪となる動きが散発的に見られましたが、実際に処罰の対象となったケースはほとんどありませんでした。

しかし、一九世紀後半のドイツとイギリスでは同性間の性行為は犯罪化され処罰の対象になっていきます。当時のヨーロッパは産業化の波のただ中にあり、未来の労働力としての子どもを保護する必要がありました。特に未成年者への大人の性的関与を避けるため、当時の基準での「悪い」性行為に対する厳罰化の傾向が生まれました。その傾向の一つの発露として、同性間の性行為も厳罰の対象となったわけです。ドイツでは一八七一年に刑法一七五条、イギリスでは一八八五年に刑法改正法中のラブシェール条項において、男性間の性行為を犯罪化し処罰する条文が盛り込まれます。

これらの法律において禁止されているのはあくまでも男性間の性行為であり、まだここには同性愛概念や同性愛者という人物類型が登場していないことに注意してください。例えば、イギリスの刑法改正法成立には当時の「社会純潔運動」という社会的流れが強く影響しています。この運動は少女売春や上層階級の少年買春に強く反対するものでしたが、ここでの上層階級の男性は「同性愛者」ではありません。むしろ、「際限のない欲望を持つ男性なら誰でも陥る可能性のある普遍的な現象」（野田　二〇〇五ａ）として男性間の性行為は捉えられていました。いささか下卑た表現をすれば、「普段は女性とセックスをする男が、そのありあまる性欲ゆえに男ともセックスしてしまう、その放埒さ」が批判の対象として想定されていたわけです。

この流れを大きく変えたのが、一九世紀後半に性科学（sexology）が提出した同性愛（homosexuality）という用語、および同性間性行為の医療化（治療によって対処すべき病気や障害とみなすこと）の主張です。同性愛という用語はドイツ刑法一七五条に反対の立場だったハンガリー人医師カーロイ・マリア・ベンケルトが考案したものです。ベンケルトは、他人に危害を加えず、他人の権利を侵害しないゆえ処罰されるべきでない現象であることを示すため、同性間性行為や親密な関係性を同性愛という新しい用語で呼びました。

同性愛という概念の創出とそれに伴う同性間性行為の医療化の主張は、男性間性行為や男性同士の親密な関係性を望み・実行する性質を持つ人としての男性同性愛者像を生み出します。「男性はみな女性を性欲の対象とし、性欲があり余って男性とも性行為をする」のではなく、「男性には女性を性愛の対象とする多数派と、男性を性愛の対象とする少数派がいる」というように、性行為そのものの内容ではなくそれをおこなう人物の類型に還元される形で同性間の性行為や親密な関係性が語られるようになったのです。この変化を「行為から人格へ」の移行と表現することができます。

この変化を生み出した「オスカー・ワイルド裁判」と呼ばれる三度の公判の経緯を追いかけることで、どこから人物類型としての同性愛（者）という考え方がやってきたのかを知ることができます。イギリスで一八九五年に、劇作家のオスカー・ワイルドがクインズベリーという侯爵を名誉毀損で訴えました。侯爵は息子のダグラスとワイルドの間の「親密な」関係を止めさせるため、ワイルドに手紙を送ったのですが、この手紙が名誉毀損にあたるとワイルドは考えたのです。しかし、侯爵の弁護士がワイルドは上流階級の退廃的な文化を体現しているとの印象操作を巧妙におこない、ワイルドは告訴を取り下げることになりました。

ここで重要なのは、ワイルドが少年買春をおこなったことそのものは最初の裁判で立証されておらず、「そういうことをしそうな人」という印象が法廷に存在したにすぎないということです。しかも、この印象はワイルドが「同性愛者」であることを立証することによってではなく（そもそもまだ「同性愛」という概念は法廷に登場していません）、ワイルドがいかにも上流階級的な退廃的暮らしをしていることの「立証」によって引き起こされました。

続く二度の裁判は、ラブシェール条項に抵触する行為、すなわち同性間の性行為を起訴事実とする刑事裁判として争われました。今度はワイルドの上流階級的＝退廃的な暮らしが「根拠」となって、同性間の性行為もあったに違いない、という「結論」が導き出され、ワイルドは有罪になります。ここまでの裁判では、一貫して同性間の性行為は性的指向によるものではなく、上流階級の「火遊び」としての少年買春として位置づけられていました。

しかし、「ワイルド裁判」の結果を知った性科学者たちは、ラブシェール条項が当初想定していた少年買春とは異なる、まさに同性間の性行為やそれをおこなう人物類型に（意図してではなく結果的に）照準を合わせていることに気づきます。どのような行為であろうと同性間の「親密な」関係が犯罪となってしまいかねないことに対し、性科学者たちは自らの科学的知識をもって歯止めをかけようと動きました。

このことを象徴するのが、性科学者たちの主張には、同性間の性行為を倫理的に悪しき行為の問題でなく「愛」の問題と考えるべきだという視点が存在したという事実です。性科学者たちは、「道徳の枠組みから男同士の関係を救い出すべく愛という位相においてそれを捉え直そうとし」（野田　二〇〇五b）、同性間の性行為はもう一つの愛の行為なのであり、ふしだらなものではない、と主張しました。そして、当時の性科学が導き出した結論が、同性と親密な関係性を持ち、あるいは持ちたいと望む人物類型としての「同性愛（者）」という概念でした。このように考えると、もともとは愛（love）という要素が含まれていないhomosexualityの日本語訳が「同性愛」であることは、意外にも原語の持つ主張を汲みとったものだといえるでしょう。

同性間の性行為は、上流階級の退廃性とそれを体現するオスカー・ワイルドという一人の人物をめぐる裁判を経由することによって、単なる行為から人格をめぐる問題へと移行しました。現代の私たちが知る「同性愛（者）」という観念のはじまりはここにあるのです。

ただし、当時の性科学において同性愛は一種の病理だと考えられており、いわば「人に迷惑はかけないが劣った性質ではあるので、場合によっては刑罰でなく治療の対象とすべき」ものだったことに注意が必要です。医療化の主張には男性間性行為の脱犯罪化を目指す正の側面と、男性間の性行為を病理とし、それをおこなう者にスティグマ（烙印）を与える負の側面の両方があったと言えるでしょう。また、「男性同性愛者は女性の心を持つ」とか「男性同性愛者は男でも女でもない「第三の性」である」といった、今日の水準から見ると間違った認識が含まれていたことも指摘しておかなければなりません。

他方、男性間の性行為の医療化にともない同性愛概念が「人格」としての意味を帯びると、「私は同性愛者である」という自己認識を持つ人が現れます。いわば、同性愛者としてのアイデンティティを持った諸個人が誕生するのです。この「同性愛者としての自己認識」という要素が、のちに同性愛者自身の社会運動においてきわめて重要な意義を持つことを、あとでもう一度確かめることになると予告しておきます。

男性間の性行為が同性愛という「人格」の次元に移行して考えられるようになったことのもう一つの重要な結果が、女性同性愛の「発見」です。ここまでの歴史的変化は、基本的にすべて男性間の性行為や親密な関係性に関するものでした。しかし、同性愛という概念が発明されることによって、「当初は男同士の親密な関係に限定されていた人々の視線が、女同士のそれへも適用され」ることになりました（野田　二〇〇五a）。男性同性愛と女性同性愛は当初から並列され捉えられていたのではなく、同性愛という概念が生まれることによって初めて対になるものとして考えられるようになったと言えるでしょう。

以上のような歴史的経緯によって地図の上に描かれるべき要素としての同性愛者がその像を結び、ここから先はこの要素を無視することなく地図の上に描き込ませる営みへと歴史の流れが変化していくことになります。以下、アメリカに舞台を移し、ホモファイル運動とゲイ解放運動という対照的な二つの事象を追いかけていきます。

†社会に取り入るという戦略

ホモファイル（homophile）運動とは、同性愛者への寛容を求めて一九五〇年代に西側諸国で起こった社会運動の名称です。ホモファイルという言葉自体は一九二四年にドイツの医師カール・ギュンター・ハイムソースが考案したもので、ホモセクシュアル（homo-sexual）とほぼ同じ意味です。一九五〇年代の運動家たちは、ホモセクシュアルという語が性欲や性行為を過剰に連想させると考え、愛（ギリシャ語でphilia）というニュアンスを持つホモファイルという語を選んで用いるようになりました。

ホモファイル運動の興隆には、第二次世界大戦から冷戦の到来へ至った一九五〇年代当時の時代背景が大きく影響しています。第二次世界大戦中、ナチスによる同性愛者の迫害、虐殺があったことは有名ですが（男性同性愛者はピンクの逆三角形、女性同性愛者は黒の逆三角形をしるしとしてあてがわれ管理されていました）、ナチスに勝利したことによりある種の楽観が生まれ運動を後押ししました。他方、冷戦下においてマッカーシズムが台頭すると、赤狩りの一環として同性愛者もまた迫害を受けるようになり、この傾向への危機感がホモファイル運動を逆説的に活性化した側面も存在します。

ホモファイル運動は、傾向として既存の「男らしさ」「女らしさ」に迎合的でした。一九五〇年代にアメリカで活動した有名なホモファイル運動の組織、マタシン協会(Mattachine Society)とビリティスの娘たち(Daughters of Bilitis)を例に確かめてみます。マタシン協会は一九五〇年に設立され、ロサンゼルスを中心に活動したホモファイル運動の組織です。会員のほとんどが男性であり、組織の中でレズビアンの経験は軽視されるなど、男性主義的な組織でした。この状況に対処するために一九五五年に四組のレズビアン・カップルによって設立されたのがビリティスの娘たちでしたが、この団体はレズビアンの雇用状況を改善するため「女性らしい」服装をすることを推奨しました。

異性愛男女から後ろ指を指されないよう典型的な「女らしさ」「男らしさ」を身につけ、また既存の社会制度を脅かすのではなくそれに取り入るのがホモファイル運動の戦略でした。例えばマタシン協会は(創設メンバーのリベラルな価値観を棄却し)自らを「同性愛者のための団体ではなく同性愛に関心のある人々のための団体」と定義し、異性愛者にすり寄る保守的な運動方針を採用しましたし、同性愛者自らの経験よりも医者や性科学者といった専門家の権威に頼り、時に「異常」とのレッテルを自ら引き受けることさえしました。

これらの特徴をまとめると、ホモファイル運動はきわめて同化主義（マイノリティはマジョリティの考える「正しさ」を受け入れるべきだとする考え方）的であったと表現することができます。

ただし、ホモファイル運動には同性愛者同士の交流を促し、同性愛者のコミュニティの発展に貢献したという正の側面があったことも指摘しておかねばなりません。のちのゲイ解放運動を可能にし、また支えたのは、このコミュニティの力でした。

†ゲイ解放運動

一九六〇年代以降のゲイ解放運動の大きなきっかけの一つとなったのは、一九六九年六月二八日未明、ニューヨークのゲイバー、ストーンウォール・インで警察の不当な踏み込み捜査に対抗して起こった暴動、通称ストーンウォールの反乱（Stonewall Riot）だと言われています。多くのゲイが当時愛していた歌手、ジュディ・ガーランドが亡くなって間もないその日、追悼のためにゲイタウンに集っていた人々の誠実な気持ちを警官が不当にも踏みにじったことが、ゲイの怒りに火をつけ、警官に徹底的に抵抗する大きなうねりを引き起こしました。

ストーンウォールの反乱は、警察によるゲイタウンへの不当捜査の横行と、それに対抗する力を持つまでに発達した同性愛者のコミュニティという二つの歴史的な条件が重なって起きたできごとです。一方では、マタシン協会の活動によってかつてほどひどくなくなっていたとはいえ、依然として警察による不当捜査が続いており（酒類販売管理法違反での捜査という名目で、不当な手入れがゲイタウン内のバーには何度も入っていました）、同性愛者たちが安全に親交を深めることは阻害されていました。他方、前述のホモファイル運動の影響などもあり、それでも同性愛者たちはコミュニティを形成し、親交を深め、結束力を高めていました。この二つの条件が重なるところに、多くの同性愛者による抵抗運動は生まれたのです。

この反乱が局所的なものにとどまらず、むしろ同時多発的に世界中でゲイ解放運動と呼ばれる社会運動が盛んになっていったのは、世界中で差別に抵抗するコミュニティが育っていたからだ、と考えるべきでしょう。

ストーンウォールの反乱の意義をわかりやすくあらわす言葉に「ヘアピンが落ちる音が世界中に響き渡った（The Hairpin Drop Heard Around the World）」というものがあります。警官に対して最初に投げつけられたのは、「女装したゲイ」が髪を留めていたヘアピンであったという真偽不明の逸話に基づくものです。

しかしここで重要なのは、後半の「世界中に響き渡った」を、「世界中のゲイ解放運動の唯一の歴史的起源がストーンウォールの反乱である」と解釈してはならないという点でしょう。国ごと地域ごとに差別への抵抗はすでに起こっており、ストーンウォールはそれらのうちの（大規模で影響力はあったが、あくまで）一つに過ぎません。

「ストーンウォールについていうことは、起源神話のほんの一部である。ニューヨーカーはこのストーリーを語るが、ちょっと旅をすればすぐにほかのストーリーが耳にはいる。サンフランシスコとロサンジェルスはともに、起源は自分のところだといい、ヨーロッパで一番ふつうなのは、オランダとドイツに起源を持つという主張」なのです（プラマー一九九八）。

全世界的に広まったこのゲイ解放運動という新しいタイプの社会運動は、同性愛者としてのアイデンティティを持つ当事者による、同化主義を拒絶する形での反差別運動です。それまでのホモファイル運動と異なり、同性愛者との自己認識をもつ当事者が、医者や科学者の権威に頼らず自らの経験に根ざして差別に抵抗していくことが目指されました。同時に、多数派で強者たる異性愛者に同調・迎合することによって認めてもらうのではなく、あくまで自分たちの性愛のあり方や育んできた文化をそのまま認めさせることが目標となりました。

レズビアンの社会運動に限定して考えた際、非常に重要なのがフェミニズム運動との関係です。上述のゲイ解放運動において、（英語の gay は女性同性愛者も含み得るのですが）レズビアンが常にゲイと共闘していたわけではありません。運動の中でレズビアンの女性の経験が軽視されることは少なくありませんでした。他方、一九七〇年代のアメリカのフェミニズム運動において、レズビアンが「ラベンダー色の脅威」として排除されていた歴史的経緯もあります。異性愛男性の女性差別を問題視したフェミニズム運動は、女性を欲望の対象とするレズビアンもまた彼らと同様に女性を支配しようとする欲望を持っており、フェミニズムの「敵」だと考えたのです。もちろん、両者は「同様」ではなく、すなわちレズビアンもまた女性差別の加害者ではなく被害者であり、このような言い方が単なるレズビアン差別でしかないことはすでに現在のフェミニズムでは主流の考え方となっています。しかし、当時のレズビアンは女性として、そして同性愛者として二重の抑圧を受けていたのであり、ゲイ解放運動を女性・男性どちらの同性愛者も参加可能な平等な社会運動と考えることには大きな留保が必要です。

ゲイ解放運動の基本的な特徴をふまえ、社会運動との連携を目論みつつ生まれた学問がレズビアン／ゲイ・スタディーズです。のちに登場するクィア・スタディーズとの異同を確かめるために、ここでその特徴をまとめておきます。まず、その担い手は基本的に、自らが同性愛者であると認識する者です。同性愛者としてのアイデンティティを引き受けた者が研究の担い手となりました。したがって、医者や性科学者といった専門家に下駄を預けず、学者自身が自らやその仲間の経験に重きをおいて研究をおこなうことが目指されました。また、異性愛者に迎合せず、むしろ積極的に同性愛者自身の性愛や文化の形を研究し擁護していくことも重要な要素でした。

同性愛者の社会運動は、一九八〇年代以降ＨＩＶ／ＡＩＤＳが世界的に問題となるにつれて大きな変質を遂げることになります。それについては第五章で触れることになると予告だけしておいて、次に日本の同性愛史の検討に移りましょう。

†「エス」から「レズビアン」へ

ここからは、日本の同性愛史を「同性愛概念の輸入」「『キンゼイ報告』のインパクト」という二つの転換点を足がかりに追っていきます。「同性愛者としての自己認識を持つ者の登場」と、「人格としての同性愛者像の社会全体への普及」の時期的なずれがこの二つの転換点に大まかに重なることを、まずは、女性同性愛、続いて男性同性愛について見ていきます。

一九一〇年代、女性同士の親密な関係性が、日本に輸入された同性愛概念と結びついて一種の社会問題となります。当時、女性同士の心中事件や、「エス」あるいは「おめ」などと呼ばれる女学校内での女性同士の親密な関係性が、市井の注目を集めていました。ここに西洋の性科学における同性愛概念が輸入され、人々はこれらの女性同士の親密な関係性を「同性愛」という枠組みの中で認識し始めるようになりました。

当然ながら、親密な関係性を同性と育んでいた当時の女性の中には、自らを同性愛者と自己認識するようになった人々がいたはずです。一九一〇年代の日本において、通俗化を伴って受容された性の「科学」は通俗性欲学と呼ばれますが、その特徴は非規範的な性現象を特定の逸脱した人格に帰属させて理解する、というものだったからです。

しかし、当時大きく雑誌や新聞で報じられていた女学校内での女性同士の親密な関係性は、無害化され、ある意味で受け流されることとなりました。なぜならこれらの関係性は、「仮の同性愛」であり、成長に伴い異性愛に戻る一過性のものだと考えられたからです。

しかし、この分類で言うところの「真の同性愛」者にあたる女性の多くが社会の圧力によって男性との結婚を余儀なくされた（＝異性愛者に戻ったことにされた）ので、女性同性愛者は幾重にも不可視化されていた、とまとめられるでしょう。

その後、一九五〇年代にアルフレッド・キンゼイの『人間女性における性行動』の日本語訳が発売されたのが潮目となって、同書に含まれていた「レズビアン」という語が人々に広まっていきます。一九六〇年代半ば頃からは、戦前の「エス」、歌劇の男役といった事例と結びつくことによって、日本にこの語が徐々に定着し、人格としてのレズビアンという観念が根付いていくことになります。

†「男の絆」から「男性同性愛」へ

同性愛概念が輸入される以前、男性間の親密な関係性は問題化される下地が整っていました。やはり「震源」は学校です。明治期においては「学生男色」と呼ばれる男同士の親密な関係性が存在しましたが、これは「互いの成長に資する」「男らしい」ものであり、当時不法行為であった男性間の性行為（鶏姦）をしなければ場合によっては礼賛すらされました。しかし一九〇〇年代に高等女学校が各地に設立され女学生という存在が生まれると、男女学生の「恋愛」が主流化し、「遊女とよりも賢い男と親密になる方が成長できる」といった根拠を喪失した男同士の絆は、性的なニュアンスを忌避した「男の友情」へと変化していきます。

一九一〇年代に同性愛概念が輸入され、通俗性欲学が流行すると、この土壌の上で男性同性愛が「変態性欲」として問題化されると同時に、自らが同性愛者だと自認する男性同性愛者が生まれます。この自認には、自らが迫害され抑圧される属性をもった人格である、というリアリティが伴っていました。私たちはここに「悩める「同性愛者」」(古川 一九九四)という存在の原形を見て取ることができます。

同性愛者が一定の属性をもった集団として社会全体に認知されるようになったのは、先にも名前を出したアルフレッド・キンゼイの『人間における男性の性行為』の日本語版発売(一九五〇年)を契機としてのことです。一九六〇年代にはhomosexualの略語としての「ホモ」が差別的なニュアンスを持ちつつ「新語」として発明され、一九七〇年代前半には「ホモ人口」という表現が用いられるようになり、一定の厚みをもった集団としての男性同性愛者が想定されるようになりました。

二つの転換点に着目すると女性同性愛者・男性同性愛者の歴史はある程度の相似形を描

きますが、日本社会においては戦前の女性同性愛から戦後の男性同性愛へと、「同性愛」として言及される対象の重点が移行した、という指摘もされています。ただしこのことは、戦後に女性同性愛者が減って男性同性愛者が増えた、ということを意味しません。戦前戦後を通じて女性同性愛者も男性同性愛者もそれぞれに連綿と存在し続け、そのコミュニティを成長させてきたのであり、その歴史こそ、次に挙げる一九九〇年代のいくつかの重要な達成へと繋がったのです。

一九一〇年代以降ゆっくりと時間をかけて発達してきた同性愛者達のコミュニティは、九〇年代にいくつかの大きな達成を可能にしました。一九九四年には、マスメディアにカミングアウトした掛札悠子さんと伏見憲明さんが、全国キャラバンを行い、同性愛者の地方イベントの魁《さきがけ》となりました。一九九七年には、アカーという同性愛者の団体が府中青年の家を利用中に他団体から嫌がらせを受け、東京都によって（加害団体側ではなくアカー側が）宿泊を拒否された事件（一九九〇年）の損害賠償訴訟（「府中青年の家裁判」）で、アカー側が全面勝訴を勝ち取りました。東京国際レズビアン&ゲイ映画祭は一九九二年から、同性愛（と、のちにその他のセクシュアルマイノリティ）によるパレードも一九九四年から、それぞれ名称や主催団体を変えつつ継続的におこなわれています。二〇〇〇年に行われたパレードの素晴らしい記録（砂川秀樹監著『パレード――東京レズビアン&ゲイパレード2000の記録』）も出版されています。

†「同性愛（者）は大昔から存在した」論の間違い

ここまでの議論を、「同性愛（者）は大昔から存在した」という論は間違っている、という観点からまとめ直してみます。そのことで、本章の説明を振り返ると同時に、同性愛者の運動や政治的発言を無力化しようとするある種のレトリックが決定的な錯誤に満ちていることを明らかにできるからです。

「同性愛（者）は大昔から存在した」論が間違いであることの一つ目の論拠は、同性愛という言葉が生まれ、人々の間に流通しはじめたのは、せいぜい一〇〇年から一五〇年ほど前のことであり、それ以前は同性愛という言葉は用いられていなかったという歴史的事実です。本章で取り上げたイギリスやドイツの場合も日本の場合も、時期のずれはありますが一〇〇年から一五〇年ほど前に同性愛という言葉が生まれたのであり、それを「大昔」とは言えないでしょう。

このような説明に対して、ある言葉が生まれたことを論拠とするのは、単なる言葉遣いの問題の拡大解釈に過ぎず、論拠として弱い、という反論があります。例えば、重力という言葉が生まれる前から重力は存在したのであり、言葉が生まれたその時に重力もまた世界に存在しはじめたわけではないのだから、同性愛も同じく名づけられる前から世界に存在したのだろう、というわけです。

この反論は、同性愛を単に同性間の性行為と捉えるのであれば歴史的には正しいと言えそうです。本章の冒頭でも述べているように、同性間の性行為の証拠はかなり古くまで遡っても十分に存在するからです。

しかし、この反論は同性愛という言葉について私たちが知っているもっとも重要な特徴を見過ごしている点で不十分です。つまり、私たちが同性愛という言葉を「同性愛者」の性愛の形と考えていること、言い換えれば同性愛は特定の人の「タイプ」を指す言葉であることが捉えられていないのです。さらには、自らを同性愛者だと認識する人々が存在すること、少し堅苦しく言えばゲイアイデンティティを持っている人が存在することも忘れられています。

本章で述べてきた通り、同性愛という言葉が生み出したのは同性間の性行為ではなく、同性間の性行為をする「タイプ」の人間がいる、というリアリティです。同性間の性行為をする人間が大昔から存在したことをもって同性愛もまた大昔から存在した、と結論づけるのは、大昔から現在の東京都にあたる地域で生まれ育った人がいたことから、「東京生まれ東京育ち」アイデンティティ（あるいは「江戸っ子」？）の持ち主が大昔から存在したと結論づけるのと同じ誤謬を犯しています。大森の貝塚に貝殻を捨てた大昔の人々は、「東京生まれ東京育ち」アイデンティティは持っていないでしょう。「どこで生まれ育ったか」という問い自体を自らに問うたことすらなかったかもしれません。そのようなアイデンティティが生まれるのは、「江戸」や「東京」という地域に人々が一定の特徴を実感するようになってから後のことです。

さらに重要なのは、同性愛者としての自認あるいはアイデンティティは、性科学者や医師たちによって当初は否定的なものとして刷り込まれた、ということです。同性愛の歴史は、否定的なアイデンティティを刷り込まれた人々が、まさにそのアイデンティティを足場にして、否定的な意味づけを肯定的なそれへと塗り替えていく歴史でした。

ここから分かるのは、同性愛者の社会運動や政治的発言を、性的指向をことさら強調する偏ったものだと批判するのは筋違いだということです。同性愛者の暮らしには、そうでない人々と同じように学業や仕事や家事や介護や趣味など他にもいろいろな要素があります。しかし、同性愛者が性的指向に「こだわる」ように見えるとしたら、それはそもそも発端が同性愛者の性的指向が同性愛者自身の生にとってもっとも重要な否定的価値として意味づけられてしまったからに過ぎません。「東京生まれ東京育ちは気持ち悪い」と言われて「東京生まれ東京育ちで何が悪い」と言い返したら、「ほらやっぱり東京生まれ東京育ちは生まれや育ちのことばかり気にしていて気持ち悪い」とさらに言われたとします。もちろんこの時返すべき言葉は「最初に「東京生まれ東京育ちは気持ち悪い」と言ったそちらの方がよほど気にしているだろう、ならばそちらの主張を先に引っ込めろ」です。残念ながら同性愛者に対してもこの種の難癖はよく投げつけられるのですが、歴史を紐解けば修正されるべきは偏見に満ちたマジョリティ側の「初手」だということは明らかです。

同性愛という言葉は、一方で同性間の性行為を否定的に意味づけたいがためにそれを個々人の「人格」に帰着させましたが、他方で当の「人格」を持つ個人の自覚と反論を促し、当の否定的な意味づけを転換していく基礎にもなりました。このダイナミクスを理解することが、同性愛の歴史の核を捕まえることだと私は考えています。

†本当に同性愛（者）だけの運動だったのか

同性愛を多様な性のあり方のうちの一つとして地図の中に描き込ませるまでの歴史を駆け足で追ってきました。有名無名を問わず多くの同性愛者がそれぞれの場所で積み重ねた営為が、依然として差別は多いものの、かつてよりはずっと同性愛者にとって住みやすい社会を作ってきたという意義は、強調してもし過ぎることはありません。

しかし、ここまでの歴史に描かれたのは本当に同性愛（者）だけだったのでしょうか？例えば、ストーンウォールの反乱の逸話に登場する「ヘアピン」は、女装を芸としておこなうゲイがつけていたものと決めつけてよいのでしょうか？　それは実はトランスジェンダーの女性のもので（も）あったのではないでしょうか。そもそも「同性愛」や「ゲイ」や「レズビアン」という用語が現在の基準からすると「間違った」使われ方をされていたのであれば、それらが指し示す人々には、現在の基準ではトランスジェンダーと呼ばれる人々も含まれていたのではないでしょうか。

したがって私たちは、ここまで描いてきた同性愛の歴史の中に、トランスジェンダーの歴史として描かれるべき要素が含まれていないかを注意深く確かめ、また同性愛の歴史かトランスジェンダーの歴史かはっきりと分けられない場合についても調べねばなりません。次章でトランスジェンダーの歴史を追いかけ、この課題に答えていきます。

第四章 トランスジェンダーの誤解をとく

†どこまでさかのぼればよいのか?

トランスジェンダーの歴史をどこから語り始めるのかというのは、なかなかに難しい問題です。割り当てられた「性別」とは異なる性別を生きる経験という世界史上の現象をすべてトランスジェンダーと呼ぶとすると、まだトランスジェンダー概念がない時代の現象に、現代的な意味を無理やり当てはめてしまうことになります。

前章で同性愛についておこなったように、トランスジェンダーという概念が生まれた時点から辿りはじめるとすると、一九八〇年代までしか遡れず、これはあまりよいやり方ではありません。実は、トランスジェンダーの歴史を遡っていくと、かなり早い段階で同性愛の歴史と見分けがつかなくなってしまいます。しかしそこからもう少し遡ったところにも今日のトランスジェンダー概念につながる要素は存在するのです。

割り当てられた「性別」とは異なる性別を生きる経験が同性愛の歴史の中に紛れ込んでしまっているのではないか、という前章最後で予告した問いに答えるためには、比較的新しいトランスジェンダー概念誕生の場面からさらに遡り、同性愛の歴史をもう一度検討し直す必要があります。名前の上では「同性愛」だから、そこにはトランスジェンダーに関して検討しなければならない要素は何もないはずだ、と決めつけることは、トランスジェンダーに関する要素を不当に同性愛に関する要素に還元して無視してしまうことになります。これではトランスジェンダーの歴史を追うという目的を十分に果たせません。

そこで本章では、トランスヴェスタイト（transvestite）という概念が発明された一九一〇年代以降の歴史を、アメリカの事例を中心に追いかけていきます。「同性愛」という言葉の意味を当時の文脈の中で丁寧に検討すると、当時は「同性愛」という言葉とほぼ同義の言葉として、今日であればトランスジェンダーの下位分類の一つであるトランスヴェスタイトという言葉が使われていたのです。一九五〇年代にはトランスセクシュアルという別の語も生まれましたが、こちらも現代の（広義の）トランスジェンダーの下位分類として使われ続けています。同性愛の歴史の中に紛れ込んでしまった、割り当てられた「性別」とは異なる性別を生きる経験を取り出すために、これら二つの言葉にまず着目するのはよい方針となるはずです。

予告すると、歴史を追いかけた結果、割り当てられた「性別」と異なる性別を生きる経験がトランスジェンダーという概念によってどのように変化させられたかを本章では明らかにすることとなります。前章での同性愛概念の事例からもわかるように、ある概念の普及はその概念を使う人々の認識枠組みを決定的に変化させます。トランスジェンダーという概念の普及もまた例外ではありません。トランスジェンダーという語はアメリカでまず普及したので、一度そこまで歴史を描いた後で、少し遡って日本のトランスジェンダーの歴史についても本章の後半で辿っていきます。

†同性愛者＝トランスヴェスタイト？

一九一〇年、ドイツ人の神経学者、マグヌス・ヒルシュフェルトが「異性装により性的興奮を得る者」という意味のトランスヴェスタイト（transvestite）という語を生み出しました。性的興奮は現在のトランスヴェスタイトの意味に一般的には含まれず、現在、トランスヴェスタイトの人々は異性装（身体上の「性別」とは異なる「性別」の服装で生きること）によって精神的な充足や安定を得ている、と説明されることがほとんどです。このように、ヒルシュフェルトが用いたトランスヴェスタイトという語の意味は現在の意味とは少しずれています。それでも、両者の間には異性装という明確な共通の意味が含まれていますので、両者が連続していると考えることは十分合理的です。

ここで重要なのは、ヒルシュフェルトは、トランスヴェスタイトという概念を打ち出したにもかかわらず、それを同性愛とはっきりと区別しなかったということです。ヒルシュフェルトは前章で取り上げたドイツの刑法一七五条に反対していた、同性愛の研究者でもありました。しかし彼は、同性愛者を「第三の性」と捉え、異性愛者の男性や女性から切り離します。そして、異性愛者の男性や女性から切り離された、いわば逸脱者のカテゴリーの中に、トランスヴェスタイトも位置づけていたのです。

彼自身は同性愛とトランスヴェスタイトは異なると述べてはいるのですが、異性装は同性愛者の特徴であると考えるなど、実質的には両者を共通の現象と捉えていたと思われます。男性同性愛者の特徴として「女性らしい装いをしている」点を挙げるなど、彼はさまざまなセクシュアルマイノリティを一括して「男性性と女性性の共存」という共通の特徴を持つものだと把握してしまっていたのです。

†トランスセクシュアルという概念

身体上の「性別」と異なる性別を生きる経験を、同性愛とはっきりと分けるきっかけとなった人物の一人が、一九五二年にデンマークで性別適合手術（sex reassignment surgery）をおこない女性として生きたクリスティーヌ・ヨルゲンセンです。ニューヨークに生まれ、マイノリティに厳しい赤狩りの時代を毅然と生きた彼女は、自らの生涯を自伝に著し、その後のトランスセクシュアルの人々に大きな影響を与えました。

ヨルゲンセンの自伝に序文を寄せ、トランスセクシュアルという概念を生み出すことで彼女の生き方を医学者として擁護したのが、もう一人の重要人物、性科学者のハリー・ベンジャミンです。彼は、精神療法で患者の性自認を身体上の「性別」に合わせることは不可能であり、ホルモン治療や性別適合手術（当時は「性転換手術」と呼ばれていましたが）こそトランスセクシュアルへの正しい対処方法であると論じました。また彼はヨルゲンセンの自伝に寄せた序文の中で、トランスセクシュアルの「息子や娘を理解し愛を持って支えてあげるよう」、その家族に対し訴え、当時のトランスセクシュアルの生き方を積極的に支える役割を果たしました（カリフィア　二〇〇五）。

トランスセクシュアルという概念は、その内実が同性愛とは全く異なるとされた点において、決定的に重要な意義を持ちます。すなわち、性的指向ではなく性自認と身体の「性別」の不一致自体が問題として取りだされたのです。ベンジャミンは、トランスセクシュアルは性別適合を望むが、同性愛者は性別適合を望まない、との説明で両者を区別しています。またトランスセクシュアル女性であるヨルゲンセンは男性を性的指向の対象としており、自身が同性愛者だと思われることに対する強い不安、言い換えるならば同性愛に対する差別的な感情を繰り返し吐露しています。当時のトランスセクシュアルの中には、一般化はできないにせよ、身体が自身の性自認に合致しさえすれば自分は正常なのであり、それは「異常な」同性愛とは異なる、という考え方が存在したことがうかがえます（ここでの説明では、「トランスセクシュアルでかつ同性愛者」というような人物像は想定されていません）。

トランスセクシュアル概念に基づくホルモン治療や性別適合手術の実施、さらに広く言えば当事者の権利擁護が、医者や性科学者といった権威によって主導された点が、ここでも重要です。前章で触れたホモファイル運動と同じく、権威による病理化がなされ当事者が治療や庇護の対象とされるという問題点がありますが、これは後に批判的に乗り越えられることになります。他方、これまたホモファイル運動と同じく、トランスセクシュアル概念の創出やトランスセクシュアル当事者たちの自伝のブームによって当事者が勇気づけられ、コミュニティを形成していくようになったという正の影響も存在しました。

可視化されたトランスセクシュアルやトランスヴェスタイトがコミュニティを形成するようになると、一九六〇年代には抵抗の動きが活発になります。一つだけ例を挙げると、一九六六年にはサンフランシスコのテンダーロインという街においてコンプトンズカフェテリアの反乱（Compton's Cafeteria Riot）と呼ばれる警官への抵抗の動きがありました。当時のゲイは、トランスセクシュアルやトランスヴェスタイトを自らと違う者としてゲイバーから排除していました。そのようにして排除された人々が集まれる場所としてコンプトンズカフェテリアは存在したのですが、当時異性装は違法だったので、警察の捜査がたびたび入っていました。ある日の捜査に対し怒りの限界に達したトランスセクシュアルやトランスヴェスタイトの人々が反抗したのが、この反乱の概要です。ストーンウォールの反乱とよく似た経緯ですが、この反乱が起きたのはストーンウォールの反乱の三年前のことです。ストーンウォールの反乱を、「セクシュアルマイノリティがはじめて起こした権力への抵抗」とみなすことは、この一例をもってしても間違いだと言えます。

そもそも、ゲイ解放運動を生み出す大きなきっかけの一つと捉えられがちなストーンウォールの反乱にも、現代の用語法でいうところの（広義の）トランスジェンダーの人々が多くかかわっていたことが指摘されています。しかしながら、反乱の立役者であったトランスジェンダーの人々はその後の同性愛者の社会運動組織の中で周縁化されてしまいました。

一九五〇年代にトランスセクシュアル概念が生まれて同性愛とトランスセクシュアルははっきりと分けられたかのように思えましたが、実際にはトランスヴェスタイトやトランスセクシュアルを同性愛の一部とみなしたりみなさなかったりする状況がまだ続いていました。以上の経緯をふまえると、ゲイ解放運動を同性愛者（だけ）の運動と捉えること自体が誤りであり、むしろ現代における同性愛者と（広義の）トランスジェンダーの両方が、当時の「ゲイ」という言葉に含まれていたと考えるべきです。

ここまでトランスセクシュアルと一括りにしてその歴史を辿りましたが、トランスセクシュアルの女性とトランスセクシュアルの男性の状況には差異があった点には注意が必要です。トランスセクシュアルの女性（生物学的に男性で性自認は女性の人）は一九六〇年代に（ゲイコミュニティと重なりつつ）コミュニティを形成していましたが、トランスセクシュアルの男性（生物学的に女性で性自認は男性の人）のコミュニティが活発化したのは一九七〇年代のことでした。前章でゲイとレズビアンの格差について指摘しましたが、ここでも（当人の性自認とは関係なく）、社会がその人を男性とみなすか、女性とみなすかによる格差の問題があらわになっています。もちろん、トランスヴェスタイトの場合も同様の格差が存在しました。

†フェミニズムの負の反応

男女の格差を抱えつつ運動を活発化させたトランスセクシュアル・トランスヴェスタイトの社会運動は、一九七〇年代に二つの方向からその勢いを削がれてしまいます。一方はフェミニズムから、他方は同性愛者からです。

一九七〇年代のフェミニズムの担い手の一部には、トランスセクシュアルをフェミニズムへの裏切り行為だとしてフェミニズム内部から排除しようとする勢力が存在しました。

その筆頭のジャニス・G・レイモンドは、『トランスセクシュアル帝国』（一九七九）の中で、トランスセクシュアル女性を批判しています。その要点は、トランスセクシュアルは望んで社会の女性らしさを身につけようとしているゆえに女らしさの呪縛から逃れようとするフェミニズムの営みに逆行するものであること、また遺伝的な男性であるにもかかわらず女性としてフェミニズム運動に加わることで、遺伝的な「本物の」女性の発言を抑制し、「本物の」女性を抑圧してしまうこと、です。

もちろん、トランスセクシュアル女性はフェミニズムの敵ではありません。ホルモン療法や性別適合手術を行ったからといって女らしいとされるライフスタイルの全てを取り入れるわけでもなく、またその必要もありません。また逆に、女らしいとされるライフスタイルを一つでも取り入れる人間はフェミニズムを担うことができないわけでもありません。フェミニズムは化粧やミニスカートなどを女性に課す圧力には反対しますが、個々の女性が化粧やミニスカートを取り入れることを自ら決めたのであれば、それを女性自身の自己決定権の行使として尊重するからです。遺伝的な女性こそ「本物の」女性だと述べるに至っては、本人の意志ではどうにもできない身体のあり方に完全に依拠するフェミニズム観こそ、属性に基づく差別の歪んだ正当化にほかならないと再反論できます。レイモンドらの批判は完全に筋違いでした。

†ゲイ解放運動の誤謬

アメリカにおいてゲイ解放運動を担う同性愛者の一部が、結果的にトランスセクシュアルを不可視化することになる二つの営みに手を貸してしまったことが、もう一つの問題です。具体的には、古今東西のトランスセクシュアルに類似した現象を同性愛がどこにでもある証拠として自分たちのものとしてしまったことと、同性愛を脱病理化するためにトランスセクシュアルの抑圧に手を貸してしまったことが挙げられます。

ゲイ解放運動の担い手が、アメリカに同性愛者が古くから存在することの証拠として提出したのが、ネイティヴ・アメリカンの文化におけるベルダーシュの存在です。ベルダーシュは「女性の服装をし、女性の仕事をし、しばしばベルダーシュではない生物学上の男性と性的関係を結ぶ遺伝子上の男性」と説明されます。例えば、ゲイ・スタディーズの研究者のジョナサン・カッツはベルダーシュの存在を引き合いに出し、アメリカには古くから同性愛者が存在したと主張します。

しかし、ベルダーシュは現在のセクシュアルマイノリティに関する用語法で分類すれば、明らかにゲイではなく（広義の）トランスジェンダーの女性です。同性愛を擁護したいがために、トランスジェンダーの不可視化に手を貸した点において、カッツの研究は批判されています。ただし、トランスヴェスタイトやトランスセクシュアルといった言葉が生まれる前にベルダーシュは存在していたわけですから、歴史的観点からは、ベルダーシュを（広義の）トランスジェンダーの「祖先」と単純に捉えることには禁欲的であるべきです。

また、「可視性」という判断基準によってトランスセクシュアルやトランスヴェスタイトの人々は同性愛者に差別されました。同性愛者は、私的な空間で同性と性行為をおこなうだけの同性愛は他者に見られるわけでもないのだから差別されるいわれはない、いたって「普通」の存在であると主張しました。しかし翻ってこの主張は、見て分かるトランスセクシュアルやトランスヴェスタイトは、それがひと目見て分かるゆえに、同性愛のような「普通」の存在ではない、という主張を伴っていたのです。ゲイ解放運動の成果として、アメリカ精神医学会が作成する「精神障害の診断と統計マニュアル」（Diagnostic and Statistical Manual of Mental Disorders、以下ＤＳＭ）の一九七三年発行のＤＳＭ－Ⅱ第七版から、同性愛の項目は削除され脱病理化されましたが、先の主張ゆえ、トランスセクシュアルやトランスヴェスタイトが同時に「病気や障害ではない」とされることは特にありませんでした。

その後、一九八〇年発行のDSM‐Ⅲには、性同一性障害（Gender Identity Disorder、以下GID）という新しい概念が掲載されます。これにより、生物学的な「性別」と異なる性自認で生きる人々は、病気ではないとされた同性愛とは逆に医療の中に囲い込まれていきます。同性愛者が脱病理化されることにより、医学は性に関する権力を行使する領域を失っていました。フェミニズムの達成により画一的な男らしさ・女らしさの押しつけも批判の対象となっていました。そのような状況において、医学界がその権力によって画一的な男らしさ・女らしさを押しつけることのできる対象として、GIDという「病理」とその患者が生み出されたのです。

†トランスジェンダーの普及

トランスセクシュアル・トランスヴェスタイトあるいはGIDの周縁化や病理化への抵抗の中で一九九〇年代に普及した概念が、トランスジェンダー（transgender）です。一九七〇年代にはヴァージニア・プリンスというトランスジェンダーの活動家がトランスジェンダリズム（transgenderism）という言葉を生み出しました。プリンスは*Transvestia*という雑誌を創刊するなど、トランスジェンダーの人々のコミュニティを作るのに大きな役割を果たした人物です。しかし、のちに述べるようにトランスジェンダリズムという概念はその差別性を批判されるようになります。プリンスのトランスジェンダリズム概念とは異なるニュアンスを持つ、トランスジェンダーという言葉は一九九〇年代に普及していきました。

トランスジェンダーという概念は、異性の服装をすること自体に重きをおくトランスヴェスタイトではないが、医学的な処置を望むトランスセクシュアルでもなく、自らの性自認にしたがって生きる経験やそのような人々のことを指すものです。プリンスが生み出したトランスジェンダリズムという概念は、トランスヴェスタイトやトランスセクシュアルに対していくぶん排他的であり、両者のどちらとも異なる、身体を改変せず身体上の「性別」と異なる性自認を持って生きる「普通の」人々を擁護する側面がありました。「普通」以外のあり方を排除するプリンスの差別的なニュアンスを取り外し、しかしトランスセクシュアルでもトランスヴェスタイトにも回収されない性のあり方に名前を与え、肯定的に捉えていくことが、トランスジェンダー概念の意義の一つです。

トランスジェンダーという概念には、可能な限り「普通の」男性や女性に近づく生き方を求めるような一九九〇年代当時の（一部の）トランスセクシュアルの主張に対し、そのような強固な性別二元論からの脱却を目指すという含意もありました。外科的な処置をおこない、他人からは「普通の」男性や女性と見分けがつかない状態こそ、身体上の性と異なる性別で生きることの「完成形」であり、みながそれを望んでいるはずだ、と決めつけることは、「女らしさ」「男らしさ」に人々を縛りつけ、多様で自由な生き方を阻害します。「普通の」男性・女性に見えないあり方を否定せず、むしろそれを自ら明らかにしていく生き方をも肯定する動きが、トランスジェンダー概念によって促進されました。ただし、現代のトランスジェンダーの全てが「普通の」女性・男性に見えないあり方を望み、実践しているわけではなく、現在の用語法では、手術はしないが自分の身体上の「性別」に気づかれたくない、と思う人も（狭義の）トランスジェンダーに含まれることには注意が必要です。

トランスヴェスタイト、トランスセクシュアル、そしてこの項で描いてきたトランスジェンダーを含む包括的なカテゴリーとしてもトランスジェンダーという用語が用いられるようになったのも、この時期です。第二章でも触れたようにトランスジェンダーに「広義の」ものと「狭義の」ものがあるのは、一九九〇年代以降のこの特徴が現在の使用法にも当てはまるからです。

割り当てられた「性別」と異なる性自認のもとで生きる人々の、性別二元論に回収されない多様なあり方を指すのにトランスジェンダーという語はふさわしかったので、一九九二年にレスリー・ファインバーグというトランスジェンダーの活動家が包括的なカテゴリーとしてトランスジェンダーという語を用い、それが一般的な使い方の一つとなりました。

ファインバーグ自身は小説家としても活動しており、*Stone Butch Blues* などの代表作があります。Stone Butch（ストーン・ブッチ）とはかなり「男性的」な出で立ちや振る舞いのレズビアンのことを指します。この小説の主人公はストーン・ブッチとして生きる自分への違和感から男性として生きるためのホルモン投与を始めますが、それにも違和感を感じ、ホルモン投与をやめて社会運動家としての道を歩むことになります。小説の主人公をその作者と重ね合わせることは慎むべきですが、特定のカテゴリーに自らを押し込めない個人の生き方を描くファインバーグの筆づかいは、トランスジェンダーという言葉をなるべく広い現象を包含するカテゴリーとして使用したい、すなわちカテゴリーからの締め出しを避けたい、というファインバーグ自身の思考と、すっきりと一致しているように私には思えます。

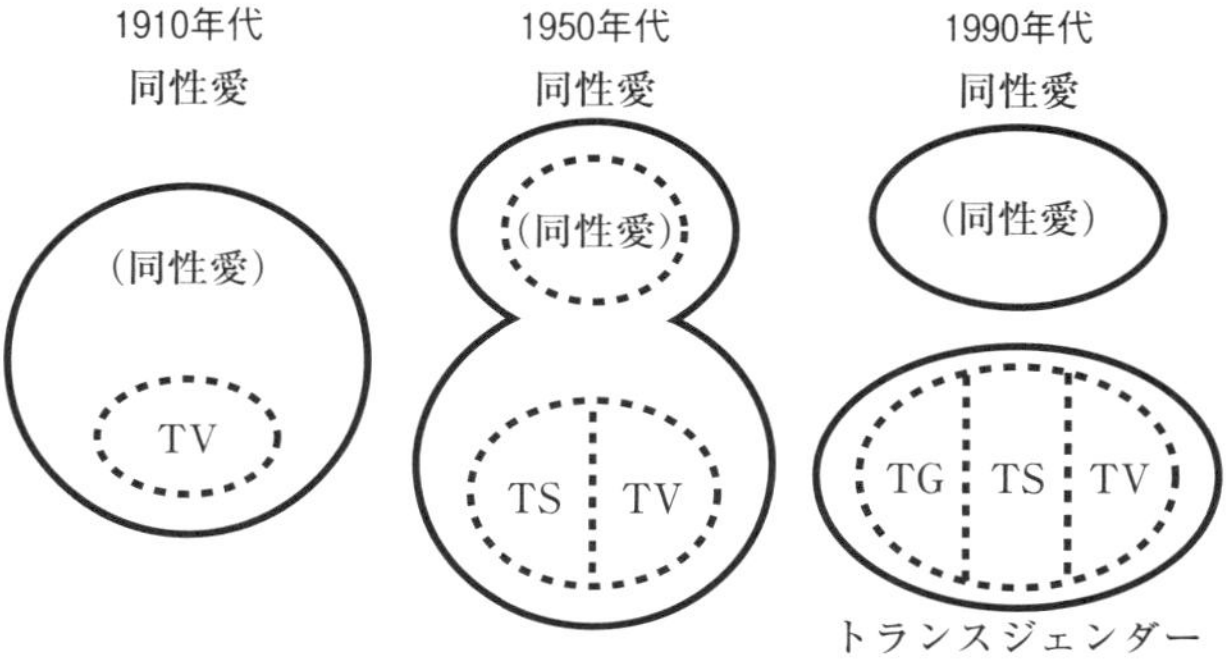

トランスジェンダー概念の形成史

一九九〇年代には、トランスジェンダー・スタディーズと呼ばれる研究領域が生まれました。社会の「性別」に対する硬直的な観念の来歴やメカニズムを分析しつつ、多様なトランスジェンダーの経験を肯定的に支えうるさまざまな知を産出することが、その大きな目的です。

トランスヴェスタイト、トランスセクシュアル、トランスジェンダーと、割り当てられた「性別」と異なる性別を生きる経験に対する適切な名称を発明し、積み重ねる形で、現在の（広義の）トランスジェンダー概念は形作られました。当初「同性愛」と同一視されていた人々は、一九九〇年代以降に完全に「トランスジェンダー」と名づけられ、別の性のあり方を生きる者とみなされるようになったのです。この流れを図示したのが上図です。

†日本のトランスジェンダー概念史

数十年にわたって徐々に積み重ねられていったトランスヴェスタイト、トランスセクシュアル、トランスジェンダーという概念は、日本においては一九九〇年代に使われはじめます。もちろん、そのことをもって、日本において割り当てられた「性別」と異なる性別を生きる人の歴史はアメリカと比べて短い、と言うことはできません。

そこで本章の後半では、日本にトランスヴェスタイト、トランスセクシュアル、トランスジェンダーの概念が輸入される前後の歴史を追いかけ、日本でもまた同性愛と今日でいうところのトランスジェンダーが未分化だった時代があることを確認していきます。ただし、残念ながら身体上の「性別」が女性であり、男装して、あるいは男性として生きることを選んだ人々の記録は少ないのが現状です。現在の用語法で「トランスジェンダー女性」と呼びうるような人々について、中心的に追いかけていくことになります。

日本の歴史を紐解けば、異性装、あるいは身体上の「性別」と異なる性別を生きる人々の例は多数存在します。弥生時代末期の遺跡の中から、身体上の「性別」は男性であるにもかかわらず、女性の装飾品をまとっている白骨が見つかったこともあるそうです。一次文献から引用可能な歴史的事例にかぎっても、中世社会における「女装の巫人」としての持者、寺院で僧侶の性愛の対象となった稚児、江戸時代の陰間など、さまざまな例を見つけ出すことができます。

ここで重要なのは、これらの例が異性装や身体上の「性別」と異なる性別を生きる経験の歴史的事例なのか、同性間の性行為に関する歴史的事例なのかを明確に区別することはできない、ということです。例えば、前章の冒頭でも陰間に触れましたが、江戸時代においては「同性愛」と「トランスジェンダー」は分かれていなかった（もちろん、どちらの言葉もまだ存在していませんでした）ので、そのどちらに陰間が属するのかを決めることはできません。

同性愛と明確に区別されていなかった異性装や身体上の「性別」と異なる性別を生きる経験は、性科学が日本に輸入され一九二〇年代に同性愛が「変態性欲」として抑圧されると同時に、強く抑圧されることになります。結果として、以前から日本に存在した異性装の文化はアンダーグラウンド化していくことになります。

異性装者が再び脚光を浴びるようになるのが、一九五八年の「ゲイ・ブーム」と呼ばれる現象においてです。進駐軍によって戦後「ゲイ」という言葉が日本に持ち込まれ、一九五〇年代には「ゲイ」が経営する「ゲイバー」が開店していきます。「ゲイバー」やそこで働く「ゲイボーイ」が一九五八年にメディアに大きく取り上げられ、「ゲイ」ではない人々が観光目的で来店するタイプの「ゲイバー」も現れるようになりました。

ただし、当時の「ゲイバー」には男性同性愛者と女装者が混在しており、両者は明確に分かれていなかったことがここでも重要です。その意味で、ここでは鍵括弧をつけて「ゲイ」と表記しています。観光目的の「ゲイバー」は主に「中性的あるいは女性的な服装と振る舞いをする店員」が接客するものであったので、「ゲイバー」によって可視性が高まったのは主に異性装者や身体上の「性別」と異なる性別を生きる人々であったと言えるでしょう（村上・石田 二〇〇六）。もちろん、そこには他者の目に晒されることに伴う深刻な被差別経験があったことは言うまでもありません。また、この時期にはクリスティーヌ・ヨルゲンセンが外科的処置を受けたというニュースが日本にも広がり、日本でも現在で言うところの性別適合手術を受ける人が現れはじめました。

一九六〇年代以降、「男らしい」男性同性愛者と、身体上は「男性」でありながら「女であろうとする」人々はしだいに区別されるようになり、一九八〇年代にはその境界は鮮明なものになります。一九八一年にメディアを賑わせた「ニューハーフ」という言葉（サザンオールスターズの桑田佳祐による造語です）、一九九八年ごろにテレビ番組を発端として用いられるようになった「Mr. レディ」や「Miss ダンディ」といった言葉の存在は、現在なら（広義の）トランスジェンダーと呼ばれる人々が同性愛者とは異なる存在として（一応は）認識されていたことを示しています。

トランスヴェスタイト、トランスセクシュアル、トランスジェンダーと言った概念が異性装者や身体上の「性別」と異なる性別を生きる人々に普及するようになったのは一九九〇年代です。心理学者の渡辺恒夫が一連の概念を日本に紹介し、当事者の自称として、あるいは学術的な用語として用いられるようになりました（正確には一九八〇年代に渡辺恒夫が「異世界への移行手段」という人類学的なニュアンスを含めてトランスジェンダーという語を使っていましたが、これらは一九九〇年代以降現代にいたる用法とはかなり異なっています）。

一九九〇年代後半には（広義の）トランスジェンダーのうち医療を必要とする人々への診断名として、性同一性障害という言葉が日本でも用いられるようになります。一九八〇年代後半にアメリカで性別適合手術をしていた虎井まさ衛さんが精力的に活動していたなどの下地もあり、一九九八年以降は日本でも学会のガイドラインに基づいた性別適合手術がおこなわれるようになります。二〇〇三年には「性同一性障害者の性別の取扱いの特例に関する法律」(通称「特例法」)が成立し、二〇〇四年から一定の条件の下で性同一性障害の患者は戸籍上の性別を変更できるようになりました。

†まだクィア・スタディーズ前史である

駆け足で辿ってみると、アメリカにおいても日本においても、トランスジェンダーの歴史とは、まさにトランスジェンダーという概念を到達点とする形で、自らを同性愛と差異化していくものだったと言えます。もちろん、これら二つの概念が生まれる前に遡って、個々の事例を「これは同性愛、これはトランスジェンダー」と明確に区別することはできません。歴史上のある時点以降の現象を説明するために生まれた概念を、その概念が生まれる前の事例に当てはめることは、端的に言って誤りだからです。また、「同性愛」という言葉が存在し、「トランスジェンダー」という言葉がまだ存在しなかった時点の現象を、すべて「同性愛」に関するものと分類することも、本章の議論を振り返れば誤りであることは明らかでしょう。現在でははっきりと異なるとされる現象がかつては同じ現象だった、と単純に要約するのではなく、かつて一つの現象とされていたものの内部の複雑な要素を解きほぐす形で、現在では分類が精緻化された、と言うべきです。

同性愛とトランスジェンダーの歴史を追いかけ、両者がはっきりと区別されていく様子をここまで辿ってきました。第二章での比喩を再び用いるならば、セクシュアルマイノリティをそれぞれの特徴やニーズに応じて分類した地図が、どのように作られてきたかが明らかになったわけです。

あとは人々がこの地図に習熟し、研究者はこの地図の特定の場所にスポットライトを当てて重点的に研究を行えばよいのでしょうか。もちろんこれらのことはきわめて重要なのですが、それだけでは済まない全世界的な問題が一九八〇年代後半に発生しました。ＨＩＶ／ＡＩＤＳの問題です。

丁寧に人々を分類した上で描かれた地図の問題点を明らかにするところから、クィア・スタディーズと呼ばれる学問領域はスタートすることになります。この章まではクィア・スタディーズの前史にすぎないのです（長すぎてすみません。でもここまでの内容もとても重要なので、ぜひ忘れないでください）。次章では、なぜ、「クィア」という新しい視座が必要とされたのかを辿りつつ、クィア・スタディーズの基本的な視座を明らかにしていきます。

第五章　クィア・スタディーズの誕生

いよいよ本章では、クィア・スタディーズとは何かを説明していきます。とはいえ、単純にクィア・スタディーズの基本発想を説明するだけでは、なぜそれが重要なのかが伝わりにくいところがあります。また、クィアという視座はクィア・スタディーズという学問領域の中でだけ重要なわけでもありません。そこで本章では、クィア・スタディーズの成立に重要な役割を果たした歴史的な動きを大きく二つとりあげて、それらを解説するところから説明をはじめます。

クィア・スタディーズ、あるいは（学問に限定せず）クィアという視座が必要となった最も大きな原因の一つ目は、ＨＩＶ／ＡＩＤＳの問題です。一九八〇年代から現在まで人類が格闘し続けているこの問題こそ、セクシュアルマイノリティについての研究や社会運動を大きく変化させることになった要素です。

また、学問としてのクィア・スタディーズに限って言えば、一九六〇年代後半以降の西洋人文学におけるポスト構造主義からきわめて重要な影響を受けています。ＨＩＶ／ＡＩＤＳの問題およびポスト構造主義の影響を概括することで、クィア・スタディーズの基本的な視座とその重要性がより明確に理解できるはずです。つまり、解決のために新しい発想を必要とする問題の存在と、新しい発想を提供する学問潮流が出会ったから、今までとは違う視座からなされる一連の重要な研究が生まれたということです。では、早速その二つの動きを追いかけていきます。

†HIV／AIDSによってゲイが直面した問題

エイズ（ＡＩＤＳ：Acquired Immune Deficiency Syndrome、後天性免疫不全症候群）は、ＨＩＶ（Human Immunodeficiency Virus、ヒト免疫不全ウィルス）に感染することによって引き起こされる、さまざまな症状のまとまりです（現在では二三の疾患がエイズの指標とされています）。感染力は弱く、（粘膜接触を伴う）性行為で・血液を介して・母子間で、の三つのルートで感染します。感染してから発症までにタイムラグがあるため、発症前にHIV検査をして陽性と判断され早期に治療を開始できれば、現在では発症を予防することができます。また、発症しても適切な治療を早期に開始することで免疫力を再度高めることは可能です。

本書の主旨とは少し外れますが、HIV／AIDSは世界的な問題であると同時に、国や地域によって問題の質が異なることにも注意が必要です。日本では、検査率が上がらずエイズを発症してからHIV感染に気づく人が多いことが現在も依然として問題ですが、欧米では検査の普及に伴いエイズ発症数は減少しています。他方、アフリカなど発展途上の国や地域における感染と発症の多さも解決すべき問題とされています。

一九八〇年代、世界各国のゲイコミュニティはHIV／AIDSという深刻な問題と向き合うことを余儀なくされました。多くのゲイがエイズを発症して亡くなっていく事態を目の当たりにしたからです。エイズの最初の症例は、アメリカで一九八一年に報告されています。この患者は男性同性愛者である、との情報が報告の中には含まれていました。その後多くのゲイがエイズに罹患し、亡くなっていきます。

ＨＩＶ／ＡＩＤＳがゲイコミュニティにとって深刻な問題だったのは、それが「ゲイの病」とされたゆえ、治療法や治療薬の整備を後回しにされたからです。エイズの発見当初、この病はＧＲＩＤ（Gay-Related Immune Deficiency、ゲイ関連免疫不全）と呼ばれていました。後に血友病患者の症例が報告され、エイズと名称が変化し、原因となるウィルス（ＨＩＶ）が判明した後も、最初の症例が報告されたアメリカでは事態は改善しませんでした。人々のゲイへの偏見に便乗する形で、当時のレーガン政権は治療薬や治療法の開発を妨げ、文字通りゲイを見殺しにしたのです。

ＨＩＶ／ＡＩＤＳについて医学的知識がある程度整備された一九八〇年代後半以降も、ゲイはＨＩＶ感染・エイズ発症の「（ハイ）リスク・グループ」として科学者コミュニティから抑圧的な扱いを受けることになります。エイズを「自己ではなく他者の病とし、リスク・グループをカテゴリー化しながら他者として排除することで、人々はこの疾患から目を背けようとした」のです（新ケ江　二〇一三）。「エイズ・パニック」と呼ばれる、無理解と偏見ゆえの「他者」に対する過剰な反応が巻き起こりました。

他方、ゲイだけではなく、他の社会的弱者もまたエイズの犠牲となっていました。多くのセックスワーカーの女性たちは、コンドームなしでの性行為によってＨＩＶに感染させられました。薬物中毒者は、薬物を摂取する注射の針を使い回すことによって、HIVに感染させられました。HIV／AIDSに直接かかわるセックスワークや薬物中毒の源流をさらにたどると、どちらも貧困の問題に行き着きます。性的自己決定権を持つことが許されない妻が、妻以外の人物（その性別はさまざまです）との性行為によってHIVに感染した夫と性行為をおこないHIVに感染させられる事態も当然存在します。社会において何らかの弱さを抱えて生きる人々に、HIV／AIDSの問題が降りかかったのです。

そしてゲイコミュニティは、それまでの社会運動によって培ってきたゲイとしてのアイデンティティ（だけ）ではこの問題に対処できないのではないか、という疑義を抱くようになります。確かに、ゲイとしてのアイデンティティをしっかりと持てば、異性愛者からの抑圧を毅然とはねのけることが可能かもしれません。しかし、どれほどゲイとしてのアイデンティティを強固に保持しても、つまりゲイとしての自覚や誇りを持っても、そのことそのものがHIVの感染やエイズの発症を予防するはずがないのです。そもそも、HIVはゲイを狙ってその身体を渡り歩きはしません。「皮肉なことに、エイズ症状を引き起こすウイルス（HIV）は人間を差別することはない」のです（河口 二〇〇三）。

HIV／AIDSの問題は、ゲイ男性に対する差別の問題であると同時に、さまざまな経路を通じてＨＩＶ／ＡＩＤＳに帰着してしまう多様な社会的弱者の問題であり、同時にゲイとしてのアイデンティティを重視する社会運動の限界を露呈させる問題でもありました。これらの認識が、クィア・スタディーズの視座へと帰結することになります。

†日本社会とＨＩＶ／ＡＩＤＳ

日本におけるエイズについても辿ってみましょう。ＨＩＶ／ＡＩＤＳの問題に対峙してきたアメリカと日本の差異が、そのまま日本でクィア・スタディーズをおこなう固有の困難を明らかにする手がかりになるからです。

アメリカでのエイズの症例報告が日本に届いた一九八〇年代前半において、日本のゲイはそれほどエイズと結びつけて語られることはありませんでした。もちろんエイズに乗じてゲイへの偏見を煽る雑誌記事などがなかったわけではありません。しかし、エイズは「乱交」が盛んなアメリカのゲイにとって問題なのであって、日本のゲイは「大人しい」のでエイズにはかからない、とされ、日本におけるゲイのエイズ患者探しという下世話な好奇心も不発に終わったのでした。日本におけるエイズの「第一号患者」として認定されたのも、アメリカ在住の日本人男性同性愛者です。ただし、現在では薬害エイズ事件の隠蔽のためにエイズの血友病患者でなく上記の男性を「第一号患者」にすり替えた、ということが明らかになっています。薬害エイズ事件は、加熱によるＨＩＶウィルスの不活性化を経ていない非加熱製剤を投与されたことにより多くの血友病患者がＨＩＶに感染し、さらにエイズ発症で死亡した方も多く存在した、という痛ましいものでした。クィア・スタディーズの創成と直接関係はありませんが、薬害エイズ事件それ自体が今後もその詳細を明らかにされ、語り継がれていくべき悲劇であることはいうまでもありません。

日本社会におけるエイズ・パニックは、女性患者をその焦点として巻き起こります。一九八六年末から一九八七年にかけての「第一次エイズ・パニック」においては、来日した外国人セックスワーカーの女性、外国人男性と性的関係を持つ日本人セックスワーカーの女性、血友病患者の男性と交際していた日本人女性の感染が相次いで報告され、メディアがこぞってとりあげました。「普通の人々」とは関係のない「リスク・グループ」に特有のものとして遠ざけられたゆえにすぐに沈静化しましたが、一九九一年に異性間性交渉によるＨＩＶ感染の増加が報じられると、一九九二年に「外国人女性」を危険な存在とみなす「第二次エイズ・パニック」が起こりました。一九九八年には女子高生のＨＩＶ感染をテーマとするテレビドラマが放映されるなど、一九九〇年代にはＨＩＶ／ＡＩＤＳが「普通の」女性ともイメージの上で結びつけられました。

まとめると、一九八〇年代から九〇年代初頭の日本におけるHIV／AIDSのイメージは消極的に同性愛と、積極的に女性と結びつけられた、と言えます。この特徴は、同性愛嫌悪と女性嫌悪の結びつきゆえに成立すると指摘されています。言い換えれば、HIV／AIDSの問題を日本で考えるにあたって、ゲイだけ、女性だけと言ったように特定の属性を持つ集団に限定して考えるのでは不十分なことを上記の歴史は証明しているのです（なお、同性愛嫌悪と女性嫌悪の結びつきについては、次章で再び取り上げます）。

ここで注意しなければいけないのは、日本社会においてHIV／AIDSはゲイとそれほど結びつけられていなかったとしても、その時代を生きるゲイ自身はHIV／AIDSの問題を自らにかかわる重要な事態として認識していたことです。消極的にであれゲイと結びつけられたエイズによって日本社会がパニックを引き起こさなかったのは、むしろエイズをゲイにかかわることとして「普通の人々」の視界から排除できたからです。他方、HIV／AIDSを自らの問題として考えざるを得なかった同性愛者は、集合的な社会運動の担い手にはっきりと変化していくようになります。「エイズのゲイ化と同性愛者たちの政治化」（風間　一九九七）が起こったのです。

エイズが日本のゲイに与えた変化を大きくまとめると、ゲイとしてのアイデンティティの醸成とゲイコミュニティの深化、と言えるでしょう。HIV／AIDSに対する危機感が、「自らがゲイであることをどう引き受け、どのようにこの問題に対処しゲイとして生きていくか」という自覚をゲイに促しました。他方、同じ問題を共有し解決に向かう、という意義がゲイコミュニティに付与されました。もっとも、これらのことを全面的に肯定的に評価することには留保が必要です。エイズの問題の解決にゲイが集団として取り組み、行政機関と積極的に協力して国家の公衆衛生政策のアクターとなっていくことは、同時にゲイの集団自体が国家による支配に主体的にしたがっていくことにもつながるからです。ゲイコミュニティ全体が国家に「生殺与奪の権」を握られているとすれば、そこには明らかにエイズが日本のゲイに与えた負の側面があるでしょう。正負の側面をあわせもつ形で、一九八〇年代のゲイは大きく変容したと考えることができます。

ここで重要なのは、先にふれたように、ゲイとしてのアイデンティティとHIV／AIDSの問題の関係が、アメリカと日本では異なるということです。アメリカでは一九七〇年代に社会運動を通じて確認されてきたゲイとしてのアイデンティティの意義が、HIV／AIDSの問題を通過することで疑義に付されました。他方日本では、HIV／AID

Sを経由してゲイとしてのアイデンティティの重要性が確認されるようになったわけです。

したがって、HIV／AIDSを経由して一九九〇年代にアメリカで生まれたクィア・スタディーズを単純に同時代的に日本に「輸入」しようとすると、日本の文脈との間で齟齬をきたす可能性があります。後述しますが、クィア・スタディーズは少数者としてのアイデンティティに基礎づけられた運動や学問に批判的な側面を持ちます。しかしそれは、少数者としてのアイデンティティが確立することに歴史的意義があったからこそ、その次の側面として生まれてきた考えです。とすれば、クィア・スタディーズを現代の日本にそのまま「輸入」すると、そもそもまだ確立されていないゲイとしてのアイデンティティの意義をゲイ自身が受け取る前に、その問題点だけがクローズアップされるということになりかねません。これでは、クィア・スタディーズは新しい発想に基づく新たな運動の展開を下支えするどころか、むしろゲイの生存を危うくする単なる悪者です。このことはすでに一九九〇年代から指摘されています。学問を単純な「輸入」としないためにも、本書で触れた知見を日本の事例に「当てはめる」際にはかなりの慎重さが必要とされる、とここで強く主張しておきます。

†構造主義とポスト構造主義

クィア・スタディーズの誕生にとって、HIV／AIDSの問題と等しく重要なのが、一九七〇年代以降西洋の人文学に大きな刷新をもたらしたポスト構造主義の思想です。と言っても、西洋の人文学全体に影響を与える思想をもれなく確認するのは不可能です。そこでここからは、クィア・スタディーズに最短距離でたどり着くルートの部分だけ、駆け足で確認していきます。

ポスト構造主義の大まかな理解には、構造主義との対比が有効です。そもそも「ポスト〜」とは「〜の後の」という意味ですから、これはある意味当然です。ただし、この表現には、「〜のあとに起きた、〜と密接に関連していてかつ〜とははっきりと異なるもの」という含意があることに着目する必要があります。例えば「ポストコロニアリズム（ポスト植民地主義）」と言えば、植民地主義による支配から脱した地域が、かつて植民地であった歴史を帯びつつ現在独立した国家や地域であるゆえに抱える諸問題、を考察する方法や意識のことを指します。「ポスト〜」の含意を踏まえると、構造主義とポスト構造主義の対比が効率的に理解できるはずです。

構造主義の発想の根本にあるのは、個別の実践を可能にする、背後の普遍的な「しくみ」＝構造の存在への着目です。特に、諸要素間の個別具体的な関係性が、普遍的な構造によって可能になり、かつ制御されていることを明らかにするのが、構造主義にのっとった研究の作業課題でした。

ポスト構造主義は、構造によって成り立っている個別の実践が、それにもかかわらず、あるいはむしろそれゆえに、その構造を食い破り、その安定性を揺るがす契機を内包していることに着目します。構造が個別の実践をそれほど強固には制御していないのではなく、強固に制御しているがゆえにむしろ構造がそれと緊密に結びついた個別の実践によって避けがたく脅かされるのです。徹底的に構造主義を突き詰めることで、必然的に構造主義の裂け目や破綻が見えてくる、と表現してもよいでしょう。ポスト構造主義は、「構造主義のあとに起きた、構造主義と密接に関連していてかつ構造主義とははっきりと異なるもの」なのです。

†デリダとフーコー

ポスト構造主義は、強固にみえる支配－被支配の構造にいかに風穴を開けるか、という政治的プロジェクトにとって大きな手がかりを与えました。例えば、ジャック・デリダという哲学者が掲げた脱構築という概念ないし思想は、フェミニズムに大きく貢献しました。「男／女」「精神／身体」「主体／客体」といった、前者が後者を支配する西洋哲学の基本思想、すなわち二項対立に基づくその構造を精緻に検討することで、デリダは後者が前者をむしろ支えていてそのヒエラルキーは転倒してしまうこと、さらには前者と後者の境界が不安定であることを明らかにしていきます。この検討の実践こそが脱構築です。デリダの脱構築の思想を性差別（や植民地主義）にぶつけることで、いくつもの重要な業績が生まれました。

クィア・スタディーズにとってさらに直接的に重要なのは、ミシェル・フーコーです。フーコーは、その未完のプロジェクト『性の歴史』の中で、性について研究することは私たち自身の生き方や社会の一部を研究することではなく、生き方や社会の研究そのものとなることを徹底的に示しました。フーコーが用いた「性《セクシュアリテ》の装置」という言葉は、まさに性が私たちの生き方全てや社会全体の「しくみ」に関わることを端的に示すものです。言い換えれば、フーコーは私たちが想像するよりも「しくみ」は遥かに巨大で複雑なものだと示すことで、性に関する研究の重要性を大きく知らしめることに成功したといえるでしょう。

クィア・スタディーズにとっては、フーコーの刷新した権力概念も重要です。権力は支配者が所有し被支配者に行使するものと考えがちですが、フーコーは異なる仕方で権力を捉えました。すなわち、それは誰かが持っているものではなく（したがって奪ったり取り返したりできるものではなく）、人と人の網の目のどこにでも存在する力であり、むしろ人々の自発的な維持によって保たれている「傾き」のようなものだと考えました。したがって、私たちは権力から逃れることはできませんが、逆にいつでも権力に影響を与えうる場所に存在することになるのです。「支配」モデルからの脱却という意味で、デリダの脱構築概念と共通する発想があるのがわかると思います。

†こうしてクィア・スタディーズは生まれた

本線に戻って、ＨＩＶ／ＡＩＤＳの問題とポスト構造主義の発想に共通する三つのポイントを確認します。これらのポイントは、後述するクィア・スタディーズの三つの基本的視座に受け継がれることになります。

一つ目のポイントは、多様性と連帯の接続です。ＨＩＶ／ＡＩＤＳの問題は、ゲイだけ

	HIV/AIDSの問題	ポスト構造主義
多様性と連帯の接続	多様なマイノリティの協力の必要性	多様な要素は一つの「構造」に組み込まれている
差別への抵抗の契機の探究	根強いゲイや女性への差別の存在	構造内に構造を内破する契機がある
アイデンティティの両義性への着目	アイデンティティでは解決できない問題の存在	「主体」概念の暴力性を暴露する

クィア・スタディーズ創成の背景

でなく多様なマイノリティが互いの差異を隠蔽せず、多様なまま連帯して社会問題の解決にあたる必要性を浮き彫りにしました。また、ポスト構造主義は、多様な要素が一つの「構造」の中に組み込まれ序列化されていること、他方でその序列化は転倒されうることを示していました。

二つ目のポイントは、差別への抵抗の契機の探求、です。HIV/AIDSの問題は、繰り返される根強いゲイや女性などへの差別の存在を明らかにしました。他方、ポスト構造主義は、既存の構造＝「しくみ」の徹底した精査により、「しくみ」の内側にこそ「しくみ」自体を食い破る契機があると考察しました。

三つ目のポイントは、アイデンティティの両義性への着目です。確かに、少数者としてのアイデンティティの確立は、レズビアンやゲイ、トランスジェンダーの社会運動を下支えする意義を持っていましたし、今も持っています。しかし、HIV／AIDSの問題は、アイデンティティに基づく社会運動の限界をゲイコミュニティに突きつけました。また、ポスト構造主義は、西洋人文学の基礎となる「主体」概念の危うさや暴力性を徹底して暴露しました。

HIV／AIDSとポスト構造主義の問題意識を引き受ける形で、一九九〇年代に生まれたのが、本書の主題であるクィア・スタディーズです（やっと登場です、お待たせしました）。本章の後半では、まさに「クィア」という語を冠した記念碑的論文「クィア・セオリー」の内容に軽く触れ、その発想を検討していきます。

「クィア・セオリー」というテレサ・デ・ローレティスによって書かれた論文により、アカデミズム業界に初めて「クィア（queer）」という語がはっきりと持ち込まれました。その含意は後述しますが、ここで確認しておきたいのは「セオリー」の方です。一九八〇年代には、「セオリー（理論）」と言えば、それはポスト構造主義の思想に基づいた「文学理論」ないし「批評理論」のことを指していました。言い換えれば、この論文自体、すなわちクィア・スタディーズの創成自体が人文学の潮流に即したものだったのです。ここにクィア・スタディーズと人文学の親和性を見て取ることができます（人文学でなければクィア・スタディーズにあらず、と主張したいのではありません)。

ローレティスはジェンダーとセクシュアリティの問題を区別すべきだと主張します。「男らしさ」「女らしさ」の問題の中に同性愛差別の問題を回収してはいけない、そこには固有の問題がある、と述べたわけです。ローレティスはレズビアンとゲイを同じ同性愛者として単純に括ることもこの論文の中で批判しました。社会の中で男性と女性に不均等に配分されている権力が、ゲイとレズビアンのおかれる文脈の差異をも生み出していると指摘したのです。

また、この論文の発表されたアメリカの文脈において重要な人種の問題にも触れています。すなわち、人種によって性に関する問題の質も文脈も異なることに繊細であるべし、と主張したのです。これら一連の主張を端的に表す言葉としてローレティスが選んだのが「クィア」でした。

†クィア・スタディーズの視座

ローレティスの「クィア・セオリー」以降、一九九〇年代に立ち上がった性、特にセクシュアルマイノリティに関する一定の視座を共有する諸研究がクィア・スタディーズと呼ばれるようになります。厳密に同じ特徴を共有しているわけではないのですが、ある程度一般化しつつ、前述の三つのポイントに対応させる形で述べることは可能です。

一つ目の視座は、差異に基づく連帯の志向です。クィア・スタディーズは、多様なセクシュアルマイノリティを、それらの差異を隠蔽することなく関連づけて考察することを目指します。特に、ゲイに関する研究や記述をもってセクシュアルマイノリティ一般を代表させてしまうようなゲイ中心主義は批判の対象となり、性のあり方の序列化がセクシュアルマイノリティの研究の中に忍び込んでしまうことが警戒されるようになります。また、連帯の幅が広がることによって、セクシュアルマイノリティではない人々＝マジョリティが対象の研究をクィア・スタディーズと呼ぶこともあり得るようになりました（もちろん、クィア・スタディーズの特徴をある程度共有しなければ、詐称と批判されますが）。

二つ目の視座は、否定的な価値づけの積極的な引き受けによる価値転倒です。そもそも、「クィア」という言葉は、男性同性愛者やトランスジェンダー女性に対するかなり暴力的な侮蔑語として英語圏で用いられていたものでした（日本語で対応しそうなのは「オカマ」という表現でしょうか）。英語圏のゲイ解放運動はこのニュアンスを嫌い「gay」という自称を用いました。

他方、否定的なニュアンスを持つ言葉をあえて自ら用いて、その内実やイメージを定義する力を当事者に取り戻そうという考えもありえます。否定的なイメージの内実を拒否することだけでなく、そもそものイメージを抑圧者側が決定してしまうのがおかしい、とはっきり示すために、あえて否定的な呼び名で呼ばれた側がそれを自ら名乗ってしまう、という事態が「クィア」という語を選択した理由です。学問における傾向として言い換えれば、クィア・スタディーズは、所与の構造の中で劣位に置かれているものが、その位置に置かれるがゆえに構造内の序列を転覆できる（あるいはしてしまう）契機を注意深く探る学問である、と言えるでしょう。

三つ目の視座は、アイデンティティの両義性や流動性に対する着目です。ゲイ解放運動を含め、それまでのセクシュアルマイノリティについての学問は、マイノリティはそれぞれ一貫したアイデンティティを持つべきであり、そのことによって政治運動が可能になると考えられていました（このような発想に基づき考えられた政治のあり方をアイデンティティポリティクスと呼びます）。しかし、アイデンティティは一貫しているべきとの発想の弊害や、その引き受けの肯定の背後にある、それが課されること（アイデンティフィケーションと呼びます）の功罪を考えるべきだと捉えられるようになったのです。

クィア・スタディーズとはどのような学問か、という問いの答えが以上の三つの視座です。何をもってクィア・スタディーズかを明確に定めることはできませんが、「ほとんどの場合セクシュアルマイノリティを、あるいは少なくとも性に関する何らかの現象を、差異に基づく連帯・否定的な価値の転倒・アイデンティティへの疑義といった視座に基づいて分析・考察する学問」がクィア・スタディーズの最大公約数的な説明となります。

†何がクィア・スタディーズに含まれるか

何がクィア・スタディーズと呼べるのかのイメージをつかむため、上記の三つの視座に対するよくある質問に、私なりに回答してみます。そのことで、今「クィア・スタディーズ」と呼ばれているものの漠然とした広がりを大づかみに把握できるはずです。

「さまざまなセクシュアルマイノリティの全てか、あるいは少なくとも複数の「種類」について扱わなければならないのか」という問いには、そんなことはない、と答えることができます。レズビアンについてだけ、トランスジェンダー女性についてだけの研究も、十分にクィア・スタディーズと呼びえます。むしろ、それらのセクシュアルマイノリティの間の差異を無視して、ひとくくりに語ってしまうことこそ、クィア・スタディーズの発想とは相容れない方法です。「トランスジェンダーでない異性愛者＝マジョリティ」の研究ですら可能です。必要なのは、それぞれのマイノリティが抱える状況の微細な違いへの感受性であり、研究対象の範囲は関係ありません。

「研究対象や、あるいは研究者自身がセクシュアルマイノリティの場合、その呼称は差別的なニュアンスを持つものでなければいけないのか」という問いにも、そんなことはない、と答えることができます。既存の社会構造の中から攪乱や転覆の契機を探るとしても、その際に取り上げる要素は呼称に限定されません。

「確固としたアイデンティティを持つ対象を相手にしてはいけないのか」という問いにも、そんなことはない、と答えられます。アイデンティティを批判することは、必ずしもアイデンティティを否定的に評価することを意味しません。アイデンティティの成り立ち、言い換えればアイデンティフィケーションの過程を考察するのも十分に批判たりえます。むしろ、日本の文脈を考えるならば、「レズビアン／ゲイ／バイセクシュアル／トランスジェンダーなどのアイデンティティなんて時代遅れだ」という主張を「クィア」と呼ぶことは避けなければなりません。アイデンティティが必要とされる文脈にも目配りが必要です。

学問に限定せず使われる「クィア」という言葉にも、前述の三つの視座が反映されています。すなわち、「非規範的な性（を生きる人）全般」「性に関する社会通念を逆手にとる生き方（をする人）」「性に関する流動的なアイデンティティ（を生きる人）」のどれかまたは複数を指す意味で、「クィア」という言葉が用いられていると考えれば、大きく理解を外すことはないはずです。

続いて検討しなければならないのは、ではクィア・スタディーズの中では具体的にどんな研究がされているのか、です。次章では、クィア・スタディーズが生み出したいくつかの重要な概念を時系列に沿って辿りながら、クィア・スタディーズが現在どのような問題に取り組んでいるのかを明らかにしていきます。

第六章　五つの基本概念

†専門用語は役に立つ

ある学問分野での知見の蓄積に基づき、意味の厳密さを確保した状態で議論をするためには、日常語から離れた専門用語が便利です。たしかに、専門用語は「敷居が高すぎる」側面があります。しかし、専門用語を使う場合は、語の日常的な意味に引きずられて曖昧さや誤解が生まれる可能性が少ないのも事実です。

裏返せば、ある学問分野がどんな問いを相手にしているのかを手っ取り早く正確に理解するためには、その学問分野で頻繁に使われている専門用語の意味を理解してしまえばよい、と考えることができます。学者たちが「敷居の高い」言葉を使うのに正当な理由があるのなら、学者にとっての必須アイテム、すなわち専門用語をまとめて入手してしまうことは、そのまま学問の核心を捉えることに直結するはずです。

本章では、クィア・スタディーズの基本概念、いわば専門用語をいくつかとりあげ解きほぐしていくことで、クィア・スタディーズが何を問いとしているのかをおおまかに理解することを試みます。これらの専門用語は、具体的な題材に関する研究から生まれたと同時に、個別の文脈を越えて用いられる頻度の高いものでもあります。地図を持って街に出る前に、調査のための便利な七つ道具（実際には五つしか紹介しませんが……）を手に入れるのが、本章の課題です。

・パフォーマティヴ（ィティ）
・ホモソーシャル
（ホモソーシャリティ）
・ヘテロノーマティヴィティ
・新しいホモノーマティヴィティ
・ホモナショナリズム

クィア・スタディーズの五つの基本概念

また、本章では、基本概念を大まかに時系列順に追うことで、クィア・スタディーズ分野内での流行の推移についても簡単な見取り図を描くことを目指します。基本概念が具体的な問いに導かれたものであるならば、基本概念の歴史はそれ自体問いの歴史です。時系列に沿って各概念を理解していくことで、クィア・スタディーズという学問の歴史についても大づかみに整理することが可能となるはずです。

†言語は綻びによってこそ可能になる

まずは、クィア・スタディーズの基本的な視座にはっきりと基づき、なおかつクィア・スタディーズがフェミニズムの強い影響のもとに生まれたことがわかる二つの概念を検討します。ジュディス・バトラーの提示したパフォーマティヴィティという概念と、イヴ・コゾフスキー・セジウィックが提示したホモソーシャルという概念です。

バトラーは、パフォーマティヴィティ（performativity）という概念を用いて性について考えることで、性に関する人々の思考の枠組みを一変させました。実はこのパフォーマティヴィティ概念はバトラーが創り出したものではありません。言語についての哲学の中で用いられたこの語をバトラーがジェンダーという現象にあてはめたのです。きわめて単純化しても、オースティンという言語哲学者が生み出したこの語の意味をデリダが批判的に書き換え、デリダの強い影響を受けたバトラーがこの語をジェンダーにあてはめた、という経緯が存在します。この連鎖を追いかけることで、バトラーがなぜジェンダーという現象にこの語をあてはめようとしたのかを検討していきます。

オースティンは、言葉の辞書的な意味の伝達だけでなく、それ自体行為でもあるような言語使用のスタイルがあり、また両者は厳密には分けられないと考えました。「彼の研究室は一四階にある」という発言はまさに彼の研究室が一四階にあるという事実を意味していて、それは各語の辞書上の意味を正しい文法知識で連結させた意味そのままを伝達しています。他方、「私は明日一四時に研究室に行くことを約束します」という発言は、約束するという事態の記述ではなく、それ自体が実際に約束するという行為です。オースティンは前者をコンスタティヴ（constative、事実確認的）な発言、後者をパフォーマティヴ（performative、行為遂行的）な発言と呼んで区別しました。さらにオースティンは、「足元に猫がいるよ」が単に猫の存在を記述しているのではなく「その猫を踏むなよ」という警告にもなりうるように、発言をコンスタティヴなものとパフォーマティヴなものの二種類にはっきりと分けることはできないと指摘しました。

デリダは、オースティンがコンスタティヴという表現を用いる時に想定している、辞書的な意味というものに疑問を投げかけます。語や句は繰り返し使用され、かつその使用は一度として同じ文脈を持ちません。私たちは何度でも「猫」という言葉を使えますが、その文脈はいつも違います。さっきはミケ、今度はタマというように、指している「猫」が違うだけではありません。いつどこで誰に向かって発するか、呼びかけなのか質問なのか独り言なのか、それらの要素が全て一致することは絶対にないのです。一度使用されたきり二度と使用されない「使い捨て」の語や句を想定しても、それはどんな状況でも習得できないので（さっき使ったその語句を繰り返し用いて意味を尋ねることすらできないのです、なにせ一度しか使えないのですから）、そもそも無意味です。であるならば、語や句は、その意味が異なる文脈に流用されてしまう、つまり安定した辞書的な意味が綻びることによってむしろ成立可能となっているのです。

言語が、辞書的な意味の綻びによって成立可能となるのならば、言語の根本的な特徴はむしろ、辞書的な意味を越えてしまう、そのパフォーマティヴな側面ということになります。想定ないし意図されている意味にとどまらないような意味を伝達してしまうことこそ、言語が言語として成立しているということの証拠だからです。

†「男らしさ」「女らしさ」もパフォーマティヴ

繰り返されることで通常の用法を外れたものが伝達されてしまうという言語のパフォーマティヴな特徴は、ジェンダーにも当てはめられるとバトラーは考えました。バトラーは、言語のコンスタティヴな意味とされるものは、絶えずずれを生みつつ反復される、すなわちパフォーマティヴに産出される言語使用の最大公約数的特徴にすぎない、と考えます。しかし、この「意味」はあたかも実際の言語使用の前から存在している、すなわち辞書に先に書かれてあったかのように見えるのです。バトラーは、「男らしさ」「女らしさ」もまた、まさにそのような、あらかじめ決まっていたかのように見えるものにすぎないと考えました。

バトラーのパフォーマティヴィティ概念は、一九八〇年代を通じて整理されてきたセックスとジェンダーの二分法に異議を唱えることで、フェミニズムの営みを大きく前進させることとなりました。セックスは生物学的な性差、ジェンダーは社会的な性差と説明され、後者は可変的で改善の余地があるが、前者は身体のつくりの違いなので変えようがない、と説明されてきました。しかしバトラーは、この「変えようのなさ」は、身体や性に関する我々の言語使用の最大公約数的特徴なのであり、辞書的な意味を越えるという言語のパフォーマティヴな特徴ゆえ、もしかしたらこの「変えようのなさ」もずれたり、綻びたりするかもしれないと考えました。この発想を象徴するのが「セックスは、つねにすでにジェンダーなのだ」（バトラー　一九九九）というバトラーの書いたものの中でおそらく最も有名な表現です。身体の「変えようのなさ」が実際は反復の中で生まれる最大公約数的特徴にすぎないのなら、「結局女性の身体で生まれたのならその身体に応じた女性としての特徴（女らしさ?）があるのは当然」という「変えようのなさ」に依存した乱暴な議論をそのまま受け容れる必要はなくなります。バトラーの議論は、不変の生物学的「性別」という発想への批判に、哲学的根拠を与える役割を果たしたのです。

バトラー自身を含めクィア・スタディーズは、性に関する根本的な「変えがたさ」とされるものの無根拠性を暴くこの議論の強い影響下にあります。例えば私たちは、ドラァグクィーン（男性、多くの場合ゲイが誇張した「女らしさ」を演じ観客を楽しませるパフォーマンス、およびその演者）のパフォーマンスを見て、そこに「普通でない」事態を発見し楽しみます。バトラーによれば、これは同じ言葉が異なる文脈（「普通」から「普通でない」へ）におかれ得るという言語のパフォーマティヴな側面がジェンダーという現象にもあてはまることの証拠です。であるならば、性に関する「普通」もまた、見かけ上のコンスタティヴさ、安定した辞書的な意味を持っているわけではなく、あくまで最大公約数的な意味であり変化する、その意味で「ドラァグ」より「普通の」女性や男性の方が「普通」だとは言えないということになります。性に関する「普通」を否定する根拠をも、バトラーは与えたわけです。

要約すると、パフォーマティヴィティ（パフォーマティヴな性質、くらいの意味です）とは、バトラーによれば（性に関する）「繰り返し行為されることによって最大公約数がもとからある本質のように見えてくる、と同時に、繰り返しがずれや綻びを生むゆえ最大公約数は変化もしうる、という性質」のことです。ここで注意しなければいけないのは、そもそも性の諸側面はすべてパフォーマティヴな性質を持つ、ということです。性に関して、パフォーマティヴな特徴とそうでない特徴がある、のではありません。

†バトラーとクィア・スタディーズの重なり

バトラーのパフォーマティヴィティ概念は、クィア・スタディーズの三つの基本的な視座に基づいています。第一に、フェミニズムとクィア・スタディーズの双方を架橋し現状変革の可能性とその理論的根拠を与えるという形でその連帯に大きな役割を果たしました。第二に、最大公約数的な「普通」が男性／女性の本質的特徴ではないことを暴き、ドラァグクィーンのような「異端」の実践がそれ自体として価値の転覆の可能性を持つことを示しました。第三に、性についてのアイデンティティが固定的、安定的なもの（＝最大公約数）に見えることのメカニズムを暴くことで、その流動性を記述する道筋を開きました。パフォーマティヴィティ概念がクィア・スタディーズの中でよく用いられるのは、この概念のもつ多様な含意がクィア・スタディーズの基本的視座に漏れなく基づいているからです。より正確には、バトラーの主張の含意を解きほぐす形で、クィア・スタディーズの基本的な視座が練り上げられていった、とすら言えます。

ただし、ここまでの説明からもわかるように、バトラーの論証はかなり難解で、かつその論証のプロセスにはいくつかの重大な批判が提起されていることも事実です。例えば、バトラーがパフォーマティヴとパフォーマンスを区別しているようで区別できていない、というものがあります。最大公約数は一人の／一回の意図的な「演じる」実践によって変えられるわけもないのに、肝心なところでバトラーは、「演じ方しだいで性の最大公約数を変革できる」という、口当たりはよいが間違った主張をしているように読めるというわけです。いずれにせよ、パフォーマティヴィティ概念は、最頻出でありながら最も厄介な概念でもある、と言えそうです。

†「男同士の絆」を問題化する

クィア・スタディーズとフェミニズムの理論的な連携を示すもう一つの重要例が、セジウィックの提示したホモソーシャル（homosocial）という概念です。英文学者であったセジウィックは、一八世紀半ばから一九世紀半ばのイギリス文学を題材に書いた『男同士の絆』（二〇〇一）の中で、ホモソーシャル概念を提示しました。そして、この概念もまた、当初の「イギリス」や「文学」という文脈を離れてさまざまに用いられる、クィア・スタディーズの基本概念の一つとなりました。

ホモソーシャルとは、同性愛の関係に似ているけれどもそうではない同性間の絆を指し示すための形容詞です。同性間の社会的絆をあらわすため、ホモセクシュアル（homosexual）という形容詞を「もじって」作られたこの造語は、実はセジウィックが作ったものではなく、セジウィック以前から歴史学の分野などで用いられていました。言い換えれば、セジウィック以前にも、同性間の絆が同性愛の関係に類似していることは気づかれていたようです。日本でも、性愛関係にすら見える強い絆で結ばれた同性間の関係というのは、それほど想像に難くないでしょう。既存の小説やマンガ、アニメーションなどの中の同性間（特に男性間）の非性愛的な絆を同性愛関係として読み解く二次創作の大きな潮流などが、その典型的な一例です。

セジウィックは、男性のホモソーシャルな関係がホモセクシュアルな関係をはっきりと拒絶し両者の間に大きな溝を作り出すことに特に着目します（これ以降ホモソーシャルという単語は男性同士の関係を指すものとします）。確かに、きわめて強い結束を保っている男性同士が、「もしかして二人は付き合ってるんじゃないの？」などと訊かれると、同性愛を悪し様に罵りながら強固に二人が同性愛関係にはないと主張することも、（「やおい」の中のエピソードに限らず、現実世界でも）これまた枚挙にいとまがありません。

セジウィックは、ホモソーシャルな絆が、このようにきまってホモフォビア（同性愛嫌悪）を伴っているのはどのようなメカニズムによるのかを考えました。ホモフォビアという言葉は一九七二年にジョージ・ワインバーグというアメリカの心理学者によって提唱されたものです。同性愛は病理である、との考えに対し、同性愛者に対する偏見や否定的態度こそ病理なのでは、と挑発的に主張するため「フォビア（恐怖症）」という精神医学の表現が用いられました。この概念については、あとでもう一度とりあげます。

†ホモソーシャルが女性を介する意味

セジウィックによれば、ホモソーシャルな絆は女性を媒介にしたものであり、そこに媒体としての女性がいない場合に代替物としてホモフォビアが要請されます。もう一歩踏み込んで表現すれば、ホモソーシャルな絆とは女性差別的でかつ男性同性愛差別的であるとセジウィックは主張したのです。以下、媒体となる女性がいる場合といない場合に分けてセジウィックの説明を辿ります。

女性を媒介にしたホモソーシャルな絆とは、女性に選択の権限を与えない男-男-女の三角関係における男同士のライバル関係のことです。欲望の対象との絆よりも、同じ対象を求めるライバル同士の絆の方が強くなる、という事態を、人類学者のルネ・ジラールは「欲望の三角形」という言葉を用いて説明しました。セジウィックは「欲望の三角形」の図式を踏襲しつつも、実際にライバル同士の絆が強くなるのは、男同士が一人の女を奪い合うという状況においてであると主張しました。

男同士の絆が強まるのは、三角関係に巻き込まれる女性の意志や欲望を軽視ないし無視する「男の世界」のルールを維持するために、ライバル同士で一種の共犯関係を結ぶからです。言い換えれば、男性の持つ女性差別的思想と男性間のホモソーシャルな絆は裏表の関係にあります。男性に有利なルールを設定するために、ライバル同士はある種の同盟を（女性を除け者にして）結ぶのです。「女子マネージャーと付き合ってはいけない」と部員全員で取り決める、といった「伝統」は現在でも中学や高校の体育会系部活動男子の間にはあるそうですが、女子マネージャーが部員と恋愛をするかしないかはもちろん女子マネージャー本人が決めればよいことです。もっとも、「オタサーの姫」（男性の多い文化系サークルの中で、数の少ない女性が姫として崇められる、らしいです）という言葉もある現在、これは必ずしも体育会系の「専売特許」ではなさそうですが。いずれにせよ、女性の恋愛を男性が制御してよいと少しでも思ってしまうことが、そもそも性差別的なのです。セジウィックもまた、ホモソーシャルな絆が女性を巻き込んで差別の対象とすることを批判しました。

媒介となる女性がいない場合、「男の世界」のルールの維持は、その世界から外れたものとしてのホモセクシュアルな関係を見下すことで可能になります。ホモセクシュアルな関係が「男の世界」のルールに従わないものと規定され、そのような関係は排除と差別の対象だと示されることによって、「男の世界」の住人は排除と差別を逃れるためにそのルールを遵守し維持するよう水路づけられます。

加えて、ホモソーシャルな関係がホモセクシュアルな関係に似ていること自体が、「男の世界」のルールの維持にとっては重要です。両者が似ていることによって、ホモソーシャルな絆で結ばれた男性たちは「私たちの関係はホモセクシュアルと違うのだ」と繰り返し確認しなければならなくなります。この繰り返しの確認によって、「男の世界」のルールは何度も意識化され、そのことによって強固なものとして維持されていくのです。むしろ、ホモソーシャルな絆がホモセクシュアルとは違うと簡単には確信できないほどに似すぎていればいるほど、「男の世界」のルールは強迫的に繰り返し確認され、補強される、とセジウィックは述べています。

補足として、「男の世界」のルールから外れるものを排除したいというイデオロギー（現代の言葉づかいで表現するならばホモフォビア）がまず存在し、そのためにホモセクシュアルという排除するのに好都合なカテゴリーが普及した、とセジウィックが述べていることに着目しておきます。たしかにセジウィックが上記の説明のために用いたいくつかの文学作品の成立年代は、第三章で確認したホモセクシュアルという概念の普及の流れと合致しています。セジウィックの分析が、文学作品の解釈としてだけでなく、社会状況にも沿った説得的なものであることが、この点からもわかります。

本筋に戻ってまとめると、セジウィックのいうホモソーシャルとは「男性中心的な社会のルールを維持するために、女性差別・男性同性愛差別を伴いつつ形成される、異性愛男性同士の関係性」を指し示す形容詞、と表現できます。女性のホモソーシャルな絆、という使い方もセジウィックはしていますが、ひとまず「男同士の絆」についてのみ指すものとしてホモソーシャルという言葉は使われる、と考えてほとんど問題はありません。

パフォーマティヴィティ、ホモソーシャルという用語の来歴に着目すると、クィア・スタディーズとフェミニズムの間に密接な関連があることがわかります。パフォーマティヴィティ概念はフェミニズムの議論から生まれクィア・スタディーズの理論的な支柱の一つとなりましたし、ホモソーシャル概念は女性差別と男性同性愛差別が根の部分で繋がっていることを明確に指摘するものでした。この二つの言葉の影響力の強さから考えても、クィア・スタディーズは、フェミニズムの蓄積なくしては生まれ得なかったと言うことができます。「フェミニズムは終わった、これからはLGBTの時代だ」などという空疎なスローガンは、まさにセクシュアルマイノリティについて長くかつ精緻に考えてきたクィア・スタディーズの視座からすれば、きわめて滑稽なものです。このスローガンの問題点については、「LGBT」という表現の含意も含めて、第七章でもう一度検討します。

✝ホモフォビア→ヘテロセクシズム→ヘテロノーマティヴィティ

続いて、ヘテロノーマティヴィティという語について検討していきますが、この語の意味や意義を理解するには、ホモフォビアやヘテロセクシズムという単語との違いに着目することが有効です。歴史的にはホモフォビア→ヘテロセクシズム→ヘテロノーマティヴィティという順番で普及していったので、この順序で検討することでヘテロノーマティヴィティ概念の核心を捉えていきます。

ホモフォビア（同性愛嫌悪）は、前述のとおり同性愛者を病気として捉え差別する思想に抵抗するために用いられた単語で、「同性愛に偏見を持ち異端視するという病理」という意味を持ちます。この語は差別をはねのけるためには有効ですが、社会構造に根を持つ差別の問題を、差別する個人の「心の問題」に矮小化してしまうという弱点を持っています。

そういった弱点を解消すべく、同性愛差別を「心の問題」としないために、「社会は異性愛中心のものであるとする思想」という意味の言葉としてヘテロセクシズム（異性愛中心主義）が使われるようになりました。同性愛差別を考える際に重要なのは個人の偏見ではなく、異性愛中心の社会構造だということがこの語によって明確に示されたのです。

また、この語が異性愛（ヘテロセクシュアル）と性差別主義（セクシズム）を合成した造語であることから、フェミニズムの影響をここに発見することができます。個々人の女性嫌悪（misogyny ミソジニー）でなく、社会を男性中心に考え女性を劣位におくことこそが性差別主義（sexism セクシズム）だという発想が、同性愛差別の問題にも適用されたのです。実際、性差別主義と異性愛中心主義の結びつきを強調するために「〔ヘテロ〕セクシズム」という表記をする論者も存在します。

そのヘテロセクシズムという語句のもつ発想をさらに推し進めたのが、ヘテロノーマティヴィティの概念です。この語は、一九九一年にマイケル・ワーナーが論文の中で用いたことをきっかけに普及しました。ただし、この論文の中でワーナーは特に定義したり詳しく説明したりすることなくヘテロノーマティヴィティという語を用いています。それゆえ、みながワーナーに依拠して研究をおこなったというよりも、学術的な議論の中で用いられるうちに徐々にこの語の語義やニュアンスが定まってきたというのが実情です。本書ではその最大公約数にあたる部分を確認します。

ヘテロノーマティヴィティは「トランスジェンダーでない人々によって営まれる「普通」の異性愛をこの社会において正しいものとし、その他の性のあり方は間違っていると考える思想」のことを指して用いられます（「普通」には「結婚する」とか「子どもを生み育てる」とか、私たちの社会が性に関して「善い」と想定するあれこれを含みます）。ノーマティヴィティ（normativity）は「ノーマル（normal）であるということ」、難しい言い方では「規範性」という意味です。この語は、「社会にとっての正しい性（愛）のかたち」を批判的に捉えるものであり、ヘテロセクシズムという語が持っていた社会構造へ着目する視点を引き継いでいます。また、同性愛だけでなくトランスジェンダーや男性優位でない男女関係など、さまざまな性愛のかたちがみな見下されることをまとめて問題化しています。

ヘテロノーマティヴィティ概念は、「唯一の正しい性（愛）」と「その他の間違ったさまざまな性（愛）」を序列化する社会構造を問題化することで、多様な「間違った」とされる側が連帯するための思想的な柱となりました。この単語がクィア・スタディーズにとって重要なのは、特定の属性に対する差別を越えて性のあり方を問題化できるものだから、と考えることができます。

†よき消費者である同性愛者

ヘテロノーマティヴィティに似た概念として、リサ・ドゥガンの「新しいホモノーマティヴィティ」を次にとりあげます。元々「ホモノーマティヴィティ」とは、セクシュアルマイノリティの運動の中でトランスジェンダーが軽視され同性愛差別の解消が優先される傾向を批判するためによく使われる単語でしたが、ドゥガンがこの語に「新しい」意味を与えました。ヘテロノーマティヴィティとの対比から、この言葉は「同性愛こそが正しい性愛のかたちである」とする主張と理解したくなりますが、それは大きな誤解です。ドゥガンの用法に即してこの言葉を理解する必要があります。

ドゥガンによると、新しいホモノーマティヴィティとは、既存のヘテロノーマティヴな体制に文句を言わず、よき消費者として市場で存在感を示すことでその体制に認められようとする同性愛者のあり方を指します。この方法が成功すると、ヘテロノーマティヴな体制は解体されるのではなくむしろ補完されより強固になるので、ヘテロノーマティヴィティを「もじった」ホモノーマティヴィティという語をドゥガンは用いたのです。

新しいホモノーマティヴィティの台頭の背景には、先進諸国で勢いを増すネオリベラリズムの流れがあります。ネオリベラリズムという語の含意は使い手によって大きく異なり、セクシュアルマイノリティとの関係に絞っても事情は変わりません。それでも大幅に単純化して説明すると、ネオリベラリズムとは、市場での取引を重視し、国家による福祉や再分配（税金の貧困層への重点的な還元）を軽視し、市場でよく購買し高く自分を売れることが人の価値だとする考え方のことです。

金をたくさん稼いでたくさん使うことで世の中からセクシュアルマイノリティを認めてもらおうという考え方は、必然的にセクシュアルマイノリティの中でも（裕福な）同性愛者だけが「認められていく」現状を生みます。セクシュアリティについてオープンにしなければ、「ノーマルな」人々と変わらず働くことができ、子どもや配偶者に所得を用いず自分のために使い切れる（裕福な）同性愛者と、治療に高額の費用がかかる場合も多く、「見た目」による差別で就労の機会が奪われやすいトランスジェンダーの人々とでは、市場での購買能力に差があるのは当然です。その他人種的・民族的マイノリティ、障害者など、「正しい性（愛）のかたち」を生きる人と想定されていないさまざまな人々がかえって社会構造ゆえの差別にさらされることになります。同性愛者の中でも、ゲイに比べてレズビアンは新しいホモノーマティヴィティの「恩恵」に与かれないことも指摘しておかなければならないでしょう。

したがって、新しいホモノーマティヴィティとは、市場と消費に依存することでセクシュアルマイノリティの中に格差が生まれ、（裕福な）同性愛者の「一人勝ち」となる状況を批判する言葉だ、とまとめることができます。もちろん、これは、セクシュアルマイノリティをめぐる社会運動の歴史的成果を台無しにするものであり、きわめて強い批判がなされています。

†同性愛者とナショナリズムの関係

同性愛者が社会の差別的な構造に加担してしまうもう一つの道筋を指し示しているのが、ジャスビル・プアの作ったホモナショナリズム（homonationalism）概念です。この語はホモセクシュアルとナショナリズム（nationalism）の合成語です。この概念を理解するため、ナショナリズムというこれまた多義的な言葉を異論は承知で大胆にまとめると、国民が国家に強い帰属意識を持ち、その政治体制に従い、その支配的な文化に同化することを是とする思想、となります。では、プアはホモナショナリズムという新語によって、何を問題化したのでしょうか。

プアは、同性愛者がナショナリズムを支持する見返りに自らを認めてもらおうとすることで、逆説的にも既存の差別的な国家のあり方を維持、補強してしまうことを批判するため、ホモナショナリズムという概念を作りました。プアはアメリカについて論じたのですが、アメリカ以外の国にもホモナショナリズムの議論はかなりの程度有効です。

アメリカ軍における同性愛者差別撤廃運動に、このホモナショナリズムの特徴が顕著にあらわれています。一見すると同性愛者への差別が減ずることはよいことであり、確かにそのような側面が全くないとは言えません。しかし、他国に対する攻撃も辞さない方針の国家体制を支持するのだから同性愛者を認めるべき、という論理はとても危険です。ホモナショナリズムは他者に差別的な国家体制を解体するのではなく、むしろ同性愛者自らの手でそれらを維持、補強してしまうからです。これでは同性愛者への差別撤廃は短期的で見せかけのものにしかなりません。そして他国の人間の生存を脅かすことを是としかねないことも当然問題です。ホモナショナリズムにはやはり問題が多いと言わざるをえません。

また、アメリカやイスラエルがイスラム圏への攻撃や外交的圧力を正当化するため、イスラム圏の同性愛差別を持ち出すピンクウォッシング（pink washing）という動きも批判の対象となります。ピンクはナチスの同性愛者虐殺に由来する同性愛者のシンボルカラーです。もともと英語には「ホワイトウォッシング（うわべをとりつくろうこと）」という慣用表現があり、それを「もじった」のがこの表現です。つまり、ピンクウォッシングとは「イスラム圏への差別を同性愛者の権利擁護でとりつくろって正当化する」政策、という意味です。具体的には、アメリカやイスラエルのような「進んだ」国と違ってイスラム圏の国々は未だに同性愛差別をする「遅れた」国だから、攻撃したり圧力をかけてもかまわない、とされるわけです。

さらに、アメリカ国内の同性愛者がイスラモフォビア（イスラム嫌悪）を表明し、アメリカやイスラエルの国家方針を支持することで「認められよう」とし、結果的に差別に加担することも当然批判されます。イスラム圏の人々の生存を脅かし、また結果としてヘテロノーマティヴな国家体制を支持することでセクシュアルマイノリティ自身の生存をも脅かすことになるからです。

新しいホモノーマティヴィティおよびホモナショナリズム概念は、セクシュアルマイノリティの中に格差が生まれ、「勝ち組」のセクシュアルマイノリティが既存の社会体制に迎合することを批判する、という共通点を持っています。ここでの「勝ち組」は、トランスジェンダーでなく同性愛者であり、女性でなく男性であることがきわめて多いことも重要です。ここに人種や民族、障害の有無といった条件も加わることがあります。迎合しなかった側の人々が今まで以上に差別に苦しむことを、二〇〇〇年代以降のクィア・スタディーズは積極的に問題化しているのです。

†基礎編は終了

以上の五つの基本概念は、理解するのに骨の折れるものばかりですが、それらさえ理解してしまえばクィア・スタディーズの全体像を手中に収めたのと同じ効果を得られます（少し言い過ぎかもしれませんが）。丸暗記は難しいと思いますが、なぜ頻出するようになったのかの事情をふまえれば、正確に使用するのはそれほど難しくないはずです。

またこの五つの概念からは、クィア・スタディーズ内での主要な問題関心の蓄積の歴史を見て取ることができます。フェミニズムからの強い影響を受けた時代（パフォーマティヴィティ、ホモソーシャル）、セクシュアルマイノリティ間の連帯の方法を模索する時代（ヘテロノーマティヴィティ）、セクシュアルマイノリティの間の格差や、既存の差別的な社会体制のセクシュアルマイノリティ自身による強化を問題視する時代（新しいホモノーマティヴィティ、ホモナショナリズム）と、クィア・スタディーズも変化し続けているのです。

以上でクィア・スタディーズの基礎編は終わりです。その基本的な視座と頻出概念の意味を押さえることで、クィア・スタディーズを使うための道具は一通り揃ったはずです。次章では、日本社会で二〇〇〇年代以降起こっているできごとをとりあげつつ、クィア・スタディーズの視座から分析していきます。揃えた道具の使い勝手を街に出て試してみることで、入門書の枠内でも可能な限りの「応用編」をやってみようというのが、次章での目論見です。

第七章　日本社会をクィアに読みとく

本章は「クィア・スタディーズ応用編」です。セクシュアルマイノリティをめぐる現代的な事象を検討する中で、クィア・スタディーズの切れ味を試してみるのが本章の目的です。まずは二つのトピックについて、第五章で説明したクィア・スタディーズの基本的な視座三点を当てはめて検討した上で、両者に共通する問題について第六章でとりあげた用語を用いて考察を加えます。クィア・スタディーズの基本的な視座とは、「差異に基づく連帯の志向」「否定的な価値づけの積極的な引き受けによる価値転倒」「アイデンティティの両義性や流動性に対する着目」とまとめられます。これらの視座から現実の諸問題を眺める作業に本章では取り組みます。

とりあげるトピックは、具体的には「同性婚」と「性同一性障害」です。議論がうまくいけば、「同性婚」と「性同一性障害」について、マスメディアなどで伝えられる単純な論点の他にも重要な論点があることを指摘できるはずです。それらの論点は、当の問題についてより繊細に考え、人々が多様な性を生きることを可能にするためにはとても重要なものです。「応用編」の目的は、クィア・スタディーズの使い勝手を調べることだけにあるのではなく、「同性婚」や「性同一性障害」について本当に知っておくべき論点を示すことにもある、とあらかじめ補足しておきます。

†本当に「同性婚」は可能になったのか

ある根本的な誤解を解くところから、「同性婚」に関する議論をはじめます。次の新聞記事（毎日新聞東京版　二〇一五年五月二八日付朝刊）を見てください。これは、見出しにあるように、渋谷区で先駆的に発行されることになった「同性婚の証明書」についてのものです。しかし、それは本当に正しい情報なのでしょうか。

実はそれは誤りで、実際は日本で同性婚は可能になっていないのです。日本国憲法の第

同性婚の証明書 発行目標は10月

渋谷区長が初会見

4月の渋谷区長選で初当選した長谷部健区長は、就任1カ月後の27日、初めて記者会見し、区政に臨む基本姿勢などを説明した。

同性カップルを「結婚に相当する関係」（パートナーシップ）と認め、区が証明書を発行する4月1日施行の「男女平等及び多様性を尊重する社会を推進する条例」について、「職員の理解を深める研修や啓発ポスター作製など、できるところから始め、証明書の発行開始は10月を目標とする」と述べた。

3月区議会で継続審査となったJR渋谷駅前の宮下公園整備計画には、「都市計画法に抵触するのでは、とされたホテル建設を含め、修正する可能性はある。地域住民などの意見をしっかり聞いて、9月議会に再提案したい」との方針を示した。一方、桑原敏武前区政との関係について、「今期は、特に福祉と教育については桑原前区政を継承する」と改めて言及し、「9月から始まる来年度予算編成で少しずつ自分なりのアイデアを加えたい」と述べた。【近藤浩之】

記者会見する長谷部健・渋谷区長＝同区役所で

二四条には「婚姻は、両性の合意のみに基いて成立」するものと規定されています。この「両性の合意のみ」は「一方が他方に自らとの婚姻を強制してはならない」「当事者二人がそれ以外のものから婚姻を強制されない」と解釈すべきとの議論もありますが、現状では「婚姻は男性と女性のペアに限られる」と解釈されることが一般的なようです。民法の中の婚姻に関する条文（七三一〜七四九条）には男女のペアに婚姻を制限する記載はないのですが、戸籍法においては婚姻したカップルは「夫婦」と表現されているため、法体系全体としては男女ペアのもののみが婚姻とされていると言えます。この結論を支持する判例も存在します。

したがって、「同性婚の証明書」という先の記事の見出しは、控えめに言っても誤解です。実際、渋谷区で成立した「男女平等及び多様性を尊重する社会を推進する条例」に書かれているのは、同性カップルの権利保護のための「同性パートナーシップ」の証明書発行についてです。その後いくつかの地方自治体で制度化されたのも、すべて同性パートナーシップに関する施策であって、同性間の婚姻＝同性婚に関するものではありません。

実際には婚姻とは異なるにもかかわらず、同性パートナーシップが「同性婚」と呼ばれている傾向を、まずは確認しておきます。その上で、この傾向を単なる事実誤認として片付けずに説明する道筋を考えてみましょう。

†セクシュアルマイノリティへの差別を許さず、かつ同性婚を支持しないという選択肢

たとえば、そもそも同性間のパートナーシップ制度が異性間の婚姻と同じはずがないのだから、「婚」と付くのは名ばかりで、それは「同性婚」は婚姻の格下にあたる別物の制度だ、と考えられている可能性があります。どうせ同性パートナーシップ制度は婚姻でないのは明らかなのだから、同性婚と呼んでもかまわない、ということです。

あるいは逆に、同性パートナーシップ制度は確かに婚姻に劣るものだが、将来の目標と

して「同性婚」という語を積極的に（現状では間違いであるのを承知で）用いている可能性もあります。現に同性婚を支持する社会運動もあるので、旗印として「同性婚」を使用しているという説明も十分に説得力があります。

要するに、同性間の婚姻制度と将来それに至るだろう同性パートナーシップ制度を包括する、理念としての「同性婚」について、支持／不支持の議論がなされているのが現状なのです。同性愛差別に基づく同性婚反対論については、その誤謬がすでに指摘されていますし（巻末の読書案内を参照してください）、ここでとりあげる必要はないでしょう。したがってここまでの要約が正しいなら、理念としても、具体的な制度の最終形としても、同性婚が認められることが公正であり、望ましいという結論が導き出されることになります。

しかし、セクシュアルマイノリティへの差別を許さず、それゆえに制度としての／理念としての同性婚を支持しないという選択肢も存在します。つまり、前段落の要約は大雑把すぎるのです。実際、クィア・スタディーズの基本的な視座と照らし合わせると、制度としての／理念としての同性婚に対する、異なった制度設計の可能性が浮かび上がってきます。以下、検討してみましょう。

†同性婚は平等な制度なのか

まず、同性婚が「差異に基づく連帯」を可能とするような制度かを考えてみましょう。「連帯」というと具体的な社会運動にイメージが限定されてしまうので、言い換えを考えてみます。クィア・スタディーズは、仮に特定のセクシュアルマイノリティにとって好ましい制度や思想であっても、それが他のセクシュアルマイノリティの生存をむしろ脅かし、あるいは置き去りにするならば批判されるべき、と主張します。なぜなら、クィア・スタディーズが目指すのは、マジョリティとマイノリティの間の圧倒的な非対称を徹底的に解消し多様な性のあり方とそれらの間の差異を肯定することであって、おこぼれとして一部のマイノリティを「マジョリティ側」に加えてもらうことではないからです。したがって、「差異に基づく連帯の志向」とは、異なる状況におかれたそれぞれのセクシュアルマイノリティが掲げる多様なよりよい生き方の形と、社会の平等性や公正性とを可能な限り両立させようとすることだと言い換えることができます。

つまり、同性婚を「差異に基づく連帯」という観点から検討するとは、同性婚の実現と「セクシュアルマイノリティ全体の多様な性のあり方が今以上に肯定されること」が繋がるかを考えることとなります。この問いを、いろいろな仕方で考えてみましょう。

まず、同性婚が可能になると、セクシュアルマイノリティ全体に対する理解や受容が進み、他のセクシュアルマイノリティの生き方もよりよいものになるという仮説は、説得的に見えますが、即座に正しいとは言い切れません。例えば、同性婚が実現すると同性愛者の社会的な承認が進むという主張があります。しかし、ここではバイセクシュアルの人も同性婚をする可能性があることが見落とされています（第二章で指摘したバイセクシュアル差別の問題を思い出してください）。同性婚が認められることで、「同性カップル＝同性愛者同士のカップル」という誤解が強まり、バイセクシュアルの人々が現在と同じかそれ以上の差別を受けることも、残念ながら全く考えられないとは言い切れないのです。「だから同性婚は好ましくない」と結論づけるのは間違いですが、理解や受容の満遍のない波及を前提とする同性婚支持論は思いのほか脆弱だとは言えそうです。

とすると今度は逆に、同性婚はそれに関連するセクシュアルマイノリティの生をよりよいものにすればよいのであって、それ以外のセクシュアルマイノリティの生を悪くしなければそれでよい、という限定的な基準を立てることができます。例えば、同性婚が認められても性別適合手術を望むトランスセクシュアルにとって当の手術へのアクセスがよくなることはないだろうが、それは当たり前なので、同性婚支持者はそのようなトランスセクシュアルの足を引っ張りさえしなければよい、となるわけです。

しかし、セクシュアルマイノリティを同性婚に関連のある人とない人に分けることは、そもそも困難です。例えば、「性同一性障害者の性別の取扱いの特例に関する法律」に基づき、日本では（異性間の）婚姻をしていない者のみが戸籍上の性別を変更することができます。これは婚姻状態にあるカップルの一方が性別を変更するとそれが「同性婚」になってしまうから、という法秩序上の問題ゆえの条件です。さて、この「特例法」を変更せず現行の婚姻に同性カップルを認めると、双方が性同一性障害の当事者でない場合のみ同性婚が可能、という状態になります。これは「特例法」の主旨からも外れますし、セクシュアルマイノリティの中に新たな差別・不平等が生まれることにもなってしまいます。性同一性障害当事者（を含むトランスセクシュアルの人々）にとっても、同性婚の問題は関係ないとは言い切れないのです。

結局のところ、同性婚が特定のセクシュアルマイノリティに対する差別を生まないようにするためには、少なくともそれをレズビアンやゲイ、バイセクシュアルの人々にのみ関係のある問題、とは考えないことが必要です。裏返せば、同性婚をめぐる議論が同性愛者

（や両性愛者）だけを「マジョリティ側」に繰り入れてよしとする失敗に陥らないように、クィア・スタディーズの視座が積極的に必要とされていると言えます。

†結婚か生活上のニーズか

ここまでの議論の想像以上のややこしさから、「そもそもそんなに結婚が大事なのか」と考える時、私たちはすでにクィア・スタディーズの二つ目の視座、「否定的な価値づけの積極的な引き受けによる価値転倒」という要素の検討に足を踏み入れています。婚姻が重要である理由を検討することで、逆説的にも現行の婚姻制度に劣るとされた「同性パートナーシップ」制度の可能性が明らかになるのです。「同性婚」という目を引く呼び名の背後で否定的に名指されるその制度がどのようにこれまでの価値を転換しうるのか、少し歴史を遡ったところから検討していきます。

そもそも、同性愛者の社会運動において、結婚は社会の異性愛主義の象徴として批判の対象でした。結婚が異性間でのみ認められているということは、裏を返せば結婚こそ異性愛者の既得権益の象徴であるということにほかなりません。したがって、婚姻は拒絶の対象であり、羨望の対象ではありませんでした。

同性間の婚姻が社会運動の目標として広範に支持されるようになるのは一九九〇年代に入ってからです。一九九〇年代頃、多くのゲイ、バイセクシュアル男性がエイズで亡くなるという悲劇の中で、エイズと闘うパートナーの介護や看取りの権利を、同性をパートナーとする多くの男性が奪われました。患者の親などが息子の性的指向を隠すために病室や自宅から息子のパートナーを排除し、治療やその最期に付き添うことを拒絶したからです。そのため排除された側の男性は、パートナーの介護や看取りを可能にするため、配偶者であるという制度的な「お墨付き」を必要とするようになりました。また、同じく一九九〇年代には、夫と別れレズビアンとして女性のパートナーと子どもを育てる親が増加しました。カップルの双方が親として子どもの養育に関わるために、婚姻という制度的な「お墨付き」を必要とする声がレズビアン・マザーの中で大きくなったのです。

同性間の婚姻が要求される経緯へ着目すると、同性カップルに必要なのは異性間のものと同じ「結婚」という形なのか、それとも具体的な生活上のニーズを満たすならば別の制度でもよいのか、という問いに帰結します。「結婚」という「名」をとらずに「実」を取る方向性が、検討の対象として浮上してくるのです。

†パートナーシップ制度それ自体の意義

ここで注目されるべきは、さまざまな国・地域に存在する（登録）パートナーシップ制度です。本書では婚姻の形をとらないパートナーシップにかかる制度を全てまとめてパートナーシップ制度と呼びますが、その内実や導入の経緯は多様です。また、制度設計上、必ずしもそれが同性カップルにとって結婚の代替物となっているわけでもありません。異性間カップルには婚姻、同性間カップルにはパートナーシップ制度を当てはめる「別制度型」の国もありますが、パートナーシップ制度を異性間・同性間双方に認める「契約登録型」の国も存在します。

例えば、カトリックの影響で離婚のハードルが制度上高いフランスでは、PACS（民事連帯契約）と呼ばれるパートナーシップ契約が、異性間、同性間いずれのカップルによっても多く結ばれています。また、同性婚制度の完成と同時にパートナーシップ制度を終了する「吸収型」の国もありますが、（同性間のみの、あるいは同性異性双方適用可能の）パートナーシップ制度が同性婚制度の成立以降も存続する、「積み増し型」の国もあります。フランスも典型的な「積み増し型」の国です。

同性婚とパートナーシップ制度の間の多様な関係は、パートナーシップ制度を単なる「結婚もどき」ではなく、それ自体が意義を持つ制度として活用する可能性を開きます。

たしかに、「登録パートナーシップなどのより弱い法的保障の実現を経て、ついに「婚姻」にまで到達した」（清水　二〇〇七）という単線的な歴史観の中で、パートナーシップ制度を同性婚制度への経過措置と考える論者も存在します。しかし他方で、「今や、登録パートナーシップの制度は、（中略）新たに、婚姻とは異なる独自の制度として、その存在意義が認められるものに変化している」（笠原　二〇〇七）と考える論者も存在するのです。

「結婚もどき」とされていたパートナーシップ制度がそれ自体意義を持つ制度として活用されうるとすれば、「結婚」にのみ重きを置く価値観そのものが相対化されます。言い換えれば、結婚の価値を攪乱し転覆する可能性を、パートナーシップ制度に関する議論は生み出すのです。同性カップルの結婚が認められないことそれ自体が差別だとしても、その差別の中で生み出された「妥協的産物」としてのパートナーシップ制度が、（同性間に限らない）パートナーシップについて新たな価値観を提示できるかもしれないのですから、「妥協」という評価にとどまらず、さらなる可能性を含む制度を構想することには、大きな意義があると私は思います。

したがって次に必要なのは、同性婚とパートナーシップのどこが異なるかに関する具体的な検討です。例えば、夫婦別姓が認められていないのであれば、同姓要件を持たない形のパートナーシップ制度は、共働きカップルなどにとって一定の魅力を持ちます。あるいは、先に挙げた通りフランスの結婚とＰＡＣＳの大きな違いは、カップル解消が前者では難しく、後者では比較的容易であることとされています。これは先述のようにフランスの結婚制度がカトリックの結婚観に沿っていることの反映ですが、逆に言えばカップル解消の要件に関して日本では異なるアプローチをする必要がありそうです。

さらに、カップルの解消という論点は、そもそも特定の相手と長く関係を続けることがそんなに偉いことなのか、言い換えればなぜカップルが法的保護の対象となるべきなのか、という問いに帰結します。二〇一七年において、夫婦の間には配偶者控除などさまざまな権益が与えられています。しかし、誰もが等しく（性的）魅力を持つのではなく、パートナーシップを結ぶことが双方の自由意志に任せられている（どちらかの意志を無視する形で、パートナーを「あてがう」ようなおぞましい制度は当然存在せず、存在すべきでもないでしょう）のであれば、パートナーと生きているわけではない人は必ず一定数存在します。何もかもをパートナーシップの権利保障の枠内で解決しようとすれば、「独り身」の人の権利が侵害されることになりかねません。

そもそも、性的指向や性自認を固定的で永続的なものと前提してしまうことを、クィア・スタディーズは批判してきました。端的に言って、人は変わるし、変わってよいのです。そのクィア・スタディーズの視座を貫徹するなら、特定のパートナーとの永続的で固定的な関係を前提とする人間観も、また誤りです。もちろん、性的指向にかかわらず多くの人が特定のパートナーとの永続的な関係を望んでいることは確かでしょう。でも、婚姻を含む社会の制度がそれを前提にせず、もっと開かれた人間観に基づく平等なものになりうるのならば、それを拒む必要はありません。性的欲望や関係性の可変性を制限するものとして同性婚制度が成立するのだとしたら、それに歯止めをかける必要も生じるでしょう。

実際、同性婚を求める主張の中にあるモノガミー（単婚、一対一の婚姻）主義やカップル主義は批判の対象となっています。パートナーシップに関する制度でどこまでを解決するかは議論のあるところですが（個人単位の社会保障を充実させて、現行の婚姻よりも権利保障を弱めたパートナーシップ制度と組み合わせる方法もありえます）、同性婚・同性パートナーシップに関する議論が、「カップルだと得をする社会が望ましい社会なのか」という議論を開いたことは、軽視してはならないでしょう。

クィア・スタディーズの視座を同性婚・同性パートナーシップの議論に持ち込むと、多くのそれまで見えてこなかった論点が浮かび上がってきます。「結婚は男と女のもの」対「性別にかかわらずすべてのカップルに結婚制度を」という対立に問題を単純化せず、細かな論点を洗い出し、よりよい（婚姻・パートナーシップを含むさまざまな）制度設計へと繋げるために、クィア・スタディーズにできることは存外多いと言えそうです。

†性同一性障害を問いなおす

続いて、性同一性障害という概念についてクィア・スタディーズの視座から考えてみます。まずは、第三章や第四章で扱ったセクシュアルマイノリティの運動史の成果と突きあわせつつ、特定の性のあり方を障害と捉えるこの概念の最も根本的な特徴について検討していきます。

そもそも、性自認に適合するように身体を改変したいと望むことを障害と判断することは、セクシュアルマイノリティの運動史の観点から見れば、後退にも見えます。例えば、同性愛者の社会運動は、同性愛が病気ではないことを粘り強く主張し、最終的に各国の精神医学界にその主張を認めさせていきました。治療されるべきネガティヴな価値を持つ病気や障害という概念に自らの性のあり方が包含されることを、多くの同性愛者は拒絶したからです。医学界と協力しつつ性同一性障害概念をむしろ確立しようとしてきたトランスセクシュアル当事者の運動は、これとは対照的です。

実際、性同一性障害の病理化（医療によって治すべき病気や障害とすること）は、患者にスティグマ（烙印）を付与する危険性があります。性同一性障害は「治すべき負の価値を抱えた性のあり方」なわけですから、その患者は「負の性のあり方を生きる者」ということになってしまうからです。

また、性同一性障害の病理化は、多様な個人の性のあり方が医者という専門家によって一定の枠内に押し込められてしまう危険性を持っています。現に同性愛の社会運動は、そのような押しつけを拒否し、すなわち医者による同性愛の否定的な評価を拒絶し、自らのリアリティにもとづいて同性愛の意味を書き直していきました。

実際、性同一性障害の治療においては、医師が自らのもつ「男らしさ」「女らしさ」を患者に強いてしまいかねないことが指摘されています。医師は、患者がその性自認に基づく性別でこの先暮らしていけるかを見極めた上で患者の治療方針を決定します。その際、望むような性別適合手術を受けたい患者が、本人が実は望んでいないような過剰な「女らしさ」「男らしさ」を演じることで、自らの性自認の強固さを認めてもらおうとすることがどうしても起きてしまいます。治療を望む患者の意志が、「男らしさ」「女らしさ」に関する医師の観念を上書きし、それが翻って患者の生き方を医師の認める「女らしさ」「男らしさ」の枠内に狭めてしまうのです。

「男らしさ」「女らしさ」の強制は、性同一性障害の当事者に、治療と引き換えに画一的で永続的なアイデンティティを押しつける点で、クィア・スタディーズの基本的視座に照らしても問題です。クィア・スタディーズは、アイデンティティを固定しその流動性を否定するような社会のあり方を批判してきました。性同一性障害の治療の場面では、まさに当事者の苦しみを、流動性を確保しアイデンティティの自由度を高めることではなく、特定のアイデンティティに繋ぎ止めることで「解消」することになりかねないのです。

もちろん実際の治療においては、拙速かつ不可逆的な治療が患者のアイデンティティに沿わないものとなってしまわないよう、丁寧なカウンセリングが医療者に課されています。「男か女か」の二者択一を強制せず、本人の意志を尊重するものへと治療方針が変化しつつあるとも言われています。しかし、ホルモン治療や外科的治療の決定のため、「女らしさ」「男らしさ」に沿って今後も生きていけるか、という判断がくだされることがあるというのも依然として事実のようです。

こうして考えると、やはり性同一性障害を脱病理化し、（広義の）トランスジェンダー全体を、同性愛や両性愛と同様に病気ではない多様な性のあり方の一部と考えていった方がよいように思えます。（広義の）トランスジェンダーに対する偏見を除去する意味でも、それがいかなる意味でも病気や障害ではない、と言い切ることは重要です。私自身、この方針に基本的には賛成です。

しかし、そもそもなぜ性同一性障害を障害として認めさせることが当事者にとって意義を持ったのかを検討していないこの結論は、実は不十分です。性同一性障害の正規医療化は、高リスクな非合法の治療を避けるという意義を持っています。また、正規医療化によって、性同一性障害の治療が美容を目的とした整形手術などとは違って患者の生存にとって切実なものであることを示すことができます。正規医療化にも、性同一性障害への偏見を除去する側面があるのです（もちろん、このような差別化が「美容目的の整形手術」に対する偏見に基づいている可能性もまた大きいのですが）。

このように考えると、性同一性障害に関しては、性のあり方そのものを脱病理化しつつ、一定の症状を治療可能な対象のままにする（病理化する）ことが可能ならば、それが最善の解ということになります。すなわち、性自認と身体との不一致そのものは多様な性のあり方の一つであり悪でも病気でも障害でもない、とした上で、そのことに基づく苦痛のみを治療の対象とする、という形で問題を切り分ける必要があるのです。

†性別違和を使う

この最善の解を可能にするかもしれない概念が、DSM（精神障害の診断と統計マニュアル）-Vで性同一性障害に替わって採用された性別違和（gender dysphoria）です。「障害」という語句が消去されたのは、性自認と身体の不一致（gender nonconformity）そのものは障害ではないことをはっきりさせるためです。DSM-Vでは、性自認と身体の不一致が患者に与える、臨床的に重要な苦痛（clinically significant distress）が治療の対象であり、患者の性のあり方そのものを治療の対象としていないことが明示されています。

性のあり方と苦痛を切り分けて後者のみを治療の対象とするという方針は、それほど難解でも不思議でもありません。こんな例を挙げて説明してみましょう。全ての人間が夜中の一二時に寝て朝の六時に起きるべきとされる社会では、八時間寝ないと健康が保てない人、夜は眠れず昼間眠りたい人などは、社会の「逸脱者」です。この時必要なのは、それらの人々を治療することではなく、それぞれの人の就寝のスタイルを可能にするように（＝それらの人が「逸脱者」とみなされずに済むように）、いわばそれぞれの人々が望むスタイルで寝る形で暮らしを成り立たせることができるよう社会のしくみを変えることです。しかし、そのようにして多様な就寝のスタイルが認められるようになっても、上手く眠れないがゆえに現状の就寝のスタイルがなお生存を支えることのできない人がいます。そういった人を睡眠障害の患者として治療することは、多様な就寝のスタイルを認めることと矛盾せず、むしろそれを医療の側面から支えることになるはずです。この説明の「就寝のスタイル」を「多様な性のあり方」に、「上手く眠れない」を「性自認と身体の不一致」に置き換えれば、性別違和に関する治療が多様な性のあり方そのものの病理化ではないことが理解できると思います。

したがって、性別違和という概念は、多様な性のあり方の間の差異を認めつつそれらの間の平等な連帯を求めるクィア・スタディーズの基本的視座に照らしても、意外と「使える」ものだと言えそうです。「上手く眠れない」人の不具合を治すことで眠り方の多様性を支えることができるように、性自認と身体に関する「苦痛」を軽減させることで、性のあり方の多様性を優劣の差なく擁護することがむしろ可能になるからです。

性同一性障害に比べ知名度も低く否定的な評価を受けやすい性別違和という概念は、むしろより望ましい方向への価値転換の可能性（これもまた、クィア・スタディーズが称揚してきた基本的視座の一つ）を持っているとすら言えるのです。障害というわかりやすい医療の「お墨付き」を得た性同一性障害概念に比べて、（性別）違和という言葉遣いはともすると「当事者の単なるわがまま」と捉えられかねない頼りないものに見えるかもしれません。しかし、多様な性のあり方の擁護と苦痛の除去の切り分けを可能にする性別違和概念は、トランスジェンダー全体の脱病理化と医学的な性別適合の正当化を両立させる可能性を巧みに生み出しています。

もちろん、性別違和概念はトランスジェンダーをめぐる問題を全て解決できる万能キーではありませんし、本当に性同一性障害よりも問題解決に有効かはさらなる検討が必要かもしれません（私自身は性同一性障害よりも性別違和の方が望ましい、と判断しています）。さらに別の概念が生まれた場合は、再度比較検討する必要もあるでしょう。

むしろ、性同一性障害、性別違和、あるいは今後生まれるかもしれない概念、それらを比較する「採点基準」としてクィア・スタディーズの基本的視座を利用すべきです。性同一性障害の問題は、特定の人々（のみ）が病理化され固定的なアイデンティティに繋ぎ止められ、劣位に置かれることで、結果として多様な性の間の平等な連帯が不可能になることです。これらを問題視するクィア・スタディーズの基本的視座は、この問題を検討するのに不可欠なものだと言えます。

†金とセクシュアルマイノリティ

同性婚・性同一性障害に共通の問題、それは金（カネ）です。本章の最後に、セクシュアルマイノリティが二〇一七年現在においてどのように金に翻弄されてしまっているのかを指摘します。

同性婚・同性パートナーシップは、そこで想定されている同性カップル（特に高所得の男性同士のカップル）の「金払いのよさ」がパートナーシップを擁護する行政・企業側にとっての見返りとなっている点で、金の問題と直結しています。例えば渋谷区のパートナーシップ制度に登録するためには、カップル間での公正証書の作成が必要ですが、そのためには六万円強、経済的事情による特例措置を受ける場合でも一万五〇〇〇円弱が必要です（当然ながら婚姻届は入手も提出も無料です）。ただし世田谷区のパートナーシップ宣誓など、公正証書の提出が不要な制度を持つ自治体もあります。また、未婚化・晩婚化による利益減少を補塡する存在として、ブライダル産業が同性カップルを顧客として重視しはじめたことも同性パートナーシップの制度化に沿ったものですが、そこで想定されているのは、（子どもがいないことが多くそれゆえ可処分所得が多いので）豪華な結婚式をしたり高価な結婚指輪を買ったりしてくれる上客としての同性カップルです。

他方、性同一性障害の医療をめぐる問題は、むしろ高額の治療費ゆえに相対的に貧困に陥りやすい性同一性障害の当事者や、社会保障の手薄さからくる金の圧倒的な足りなさに結びつきます。そもそも、日本社会が好況で人々が十分に裕福な暮らしができているのであれば、性同一性障害の人々はそれほど保険適用を強く求めないかもしれず、あるいは逆に性同一性障害の治療に保険料が使われることをマジョリティの側が素直に許容したかもしれません（金はあるのだから困っている人にしっかり使ってもらったらよい、というように）。また、手厚い社会保障が最初から整備されていれば、国内外での違法な手術へのインセンティヴが下がり、国内での正規医療化が早く進んだ可能性もあります。

以上の例からも、セクシュアルマイノリティの生存と金の間に好ましくない関係が成立してしまっていることがわかります。すなわち、金のあるセクシュアルマイノリティ、端的に言えば（高所得の）ゲイは可視性が高まり、治療の必要なセクシュアルマイノリティ、端的に言えば一部のトランスジェンダーは経済的に困窮していくのです。セクシュアルマイノリティは一様に構造的弱者なのではなく、金のあるなしによってその内部に格差を抱えてしまっています。特に、（高所得の）ゲイが市場で存在感を示すことで受け容れられたように見えて、その実、差別が構造的に固定されていくことは、第六章で新しいホモノーマティヴィティという概念を紹介した時にお伝えした通りです。

†ゲイとトランスジェンダーの格差

金の問題と切り離せない労働の分野においても、セクシュアルマイノリティの間の序列は存在します。そもそも強いヘテロセクシズム（異性愛中心主義）が働く日本の労働市場では、同性愛者が同性愛者として働いていくことは困難です。また、職場が男性中心のホモソーシャルなものであれば、男性同性愛者の就労はさらに困難になります。しかし、裏を返せばそれは、性的指向を隠す、あるいはホモソーシャルな職場に適応することができさえすれば（もちろんそれも人によってはとても困難なのですが）、ある程度の所得を、特にゲイは得ることも不可能ではありません。他方、マイノリティであることが「バレて」しまいやすいトランスジェンダーは、労働市場の中でも適切に居場所を得て働くことはとても難しく、職場でのいじめなどのリスクが高くそもそも仕事に就くことのハードルが高いのが現状です。ここでもゲイを上辺、トランスジェンダーを下辺とするような序列が生まれてしまっています。

　金をめぐるセクシュアルマイノリティの中の序列を、マジョリティ側が積極的に追認していることが、問題の根をさらに深くしています。その例として、二〇一六年六月に大手広告代理店の博報堂ＤＹグループのSEEDATAという会社が販売をはじめた「ＬＧＢＴ消費研究レポート」のプレスリリースを見てみましょう。このレポートは、「ＬＧＢＴに代表されるセクシャル《ママ》マイノリティの中でも可処分所得が高く、情報発信力の高いとされるゲイ（エグゼクティブ・ゲイ）に着目、リサーチした」ものだそうです。ちなみに可処分所得が高いとは、月二〇万円以上、との意味だそうです。「ＬＧＢＴ」と銘打って高所得のゲイ（それも調査概要によればたったの三人だそうです……それで調査と呼べること自体、社会学者の私からすれば驚きなのですが）のみをとりあげるというところからも、「ＬＧＢＴ」という言葉のポジティヴな響きの中に「金を持っている」というなかなかにえげつない想定が忍び込んでいることが読み取れます。

したがって、セクシュアルマイノリティと金の問題は、かなり深刻なものとなっていると言えます。とりわけ、「ＬＧＢＴ」という言葉がこれほどまでに商業・消費の場面において使われているのを観察すると、「ＬＧＢＴ」という言葉はもはや、差別是正ではなくむしろ差別の隠蔽の指標として重要になっているとすら言えそうです。「ＬＧＢＴ」と誰かが言う場面では金が動いていて、さらに格差がそこに存在している、という経験則すら、私には妥当なように思われます。

本章では、クィア・スタディーズの使い勝手を試し、現代日本の状況とクィア・スタディーズの専門的な用語を繋ぎ合わせました。クィア・スタディーズが、独特かつ有意義な形で現実社会の問題と切り結ぶことが示せたのであれば、本章の目論見は成功したことになります。

続く第八章では、本書の辿ってきた道のりをおさらいし、読者のみなさんがそれぞれの気になる問題にクィア・スタディーズを用いて取り組んでいけるよう、本書の外への「送り出し」をおこないます。一冊の本に閉じ込められた議論を本の外側へと開いていく最後の一押しが、この本が最後に取り組む作業となります。

第八章　「入門編」の先へ

読者がクィア・スタディーズの基本を携えて社会のさまざまな現実を観察し、時に変革していくための橋渡しをするのが本章の役割です。本書の内容がうまく読者のみなさんに伝わったならば、すでにみなさんの中には十分な知識が蓄積されているはずです。その蓄積は、「普通」を押しつける社会を変えるために「使える」ものです。私としては、せっかく手に入れた知識を「普通」を問い返すためにぜひ使ってほしいと思っています。そこで、本章では最初に前章までの内容をまとめた上で、その先の実践に備え知識を深めるためのいくつかのコツを紹介します。

†本書を振り返る

本書は、大きく準備編（第一章から四章）、基本編（第五章から第六章）、応用編（第七章）に分けられます。クィア・スタディーズはセクシュアルマイノリティの社会運動と、セクシュアルマイノリティに関する学問的蓄積に多くを負っているので、準備編では多くのページを割きそれらについてまとめました。以下各章について内容を確認します。

第一章では、クィア・スタディーズへの導入として、セクシュアルマイノリティについての多くの人の知識がいかに危ういものかをいくつか指摘していきました。とりわけ、「オネエ」と呼ばれる人々についての多くの人の「知識」がきわめてみすぼらしく、大幅な改訂が必要であることを述べました。

第二章では、さまざまな性のあり方を二〇一七年現在の最新の枠組みを用いて分類・整理しました。もっとも重要な分類の軸として性的指向と性自認の二つの概念を組み合わせて用いることで、「LGBT」の四つよりもはるかに多くの性のあり方が認識できるようになります。例えば、トランスジェンダーでありかつレズビアンであるといったような、「L」「G」「B」「T」を並列に捉えるだけでは見えてこない性の形もまた存在し、性的指向と性自認という概念を組み合わせれば適切に記述できることを示しました。また、同性愛や両性愛に関する誤解を解き、トランスジェンダーの「下位分類」についても説明を加えました。

第三章と第四章では、第二章で指摘したような枠組みがどのような歴史的経緯によって成立してきたのかを確認しました。第三章では同性愛、第四章ではトランスジェンダーを例にとっています。

第三章では、同性愛概念が生まれてから、同性愛者による社会運動の達成を受けてレズビアン／ゲイ・スタディーズが成立する時期までの歴史を追いかけました。性科学の中で生まれた同性愛概念は、同性愛を病理としそのスティグマ化を推し進めました。しかし、同性愛概念を当てはめられることにより自らを同性愛者と認識し、同性愛者としてのアイデンティティを保持する人々が生まれます。同性愛者は自らのアイデンティティを拠り所としつつ、他の同性愛者とコミュニティを形成していきます。このコミュニティが同性愛者の社会運動を可能にし、その結果同性愛者への差別がいくつかの側面で解消されていくことになりました。これらの経緯をふまえ、同性愛者としてのアイデンティティをもとに社会変革を望むレズビアン／ゲイ・スタディーズが成立したことにも触れました。

第四章では、トランスジェンダーが現在のような「下位分類」に整理されるまでの歴史を、一九一〇年代から追っていきました。一九一〇年代の性科学においてトランスヴェスタイトという語が生まれますが、同性愛とトランスヴェスタイトは実質的に同一視され、区別されてはいませんでした。一九五〇年代に、性的指向ではなく性自認と身体の「性別」の不一致が問題だとはっきり示すためトランスセクシュアルという言葉が生まれ、トランスセクシュアル当事者の性別適合手術（当時の言葉では性転換手術）についても当事者の伝記などで知られるようになっていきます。一九九〇年代には、外科的な処置を求めずに自らの性自認に基づき生きることを選択する人々を指す言葉としてトランスジェンダーという言葉が生まれ、現在のような三つの語（トランスヴェスタイト、トランスセクシュアル、トランスジェンダー）が互いに異なるものとして概念的に整理されることになります。

第五章と第六章では基本編としてクィア・スタディーズの大枠を提示しました。

第五章ではクィア・スタディーズの三つの基本的視座を提示しました。その視座とは「差異に基づく連帯の志向」「否定的な価値付けの積極的な引き受けによる価値転倒」「アイデンティティの両義性や流動性に対する着目」です。またこれらの視座が重要視されるようになったのには、セクシュアルマイノリティを襲ったＨＩＶ／ＡＩＤＳの問題と、当時の人文学において隆盛をきわめたポスト構造主義の影響があることを指摘しました。

第六章ではクィア・スタディーズの基本概念を五つ解説しました。具体的には、「パフォーマティヴィティ」「ホモソーシャル」「ヘテロノーマティヴィティ」「新しいホモノーマティヴィティ」「ホモナショナリズム」です。また、これら五つの概念から、クィア・スタディーズの歴史を概観できます。すなわち、フェミニズムとの共通性からセクシュアルマイノリティ間の連帯へ、さらに既存の差別的な社会体制のセクシュアルマイノリティ自身による強化へとクィア・スタディーズの主要な問題関心が移り変わっているのです。

第七章では、クィア・スタディーズの道具立てを使って日本においてセクシュアルマイノリティをめぐる議論、具体的には、「同性婚」と「性同一性障害」を分析しました。「同性婚」をめぐる議論が異性カップルの婚姻に同性カップルを同化させようとする試みになってしまうことに、クィア・スタディーズの視座から批判を加えました。また、「性同一性障害」を脱病理化していくのが望ましいことを、クィア・スタディーズの視座から説明しました。また、両者に共通する問題として、セクシュアルマイノリティの経済的な状況がその可視性やQOLに格差を与えていること、またそのことが現在のセクシュアルマイノリティに対する一見するところの「承認」によって支えられていることも、批判的に指摘しました。その際、「ＬＧＢＴ」という言葉がまさにこの構造的な格差や差別を隠蔽するものとして働いていることも補足しました。

以上が第一章から第七章までの要約です。この章から読み始めた人はぜひ要約を頼りに第一章から第七章を読み進めてください。すでに読んだのに「そんなこと書いてあったっけ？」と思った人はぜひ再読をどうぞ。でも、この先の議論を読んでから第一章に戻るとよいかもしれません。

†「けれども」を理解するために

ここで、「クィア・スタディーズの入門書なのに、基本編と応用編の長さを足しても届かないほどに準備編が長いのはおかしい」という疑問を持つ方もいるかと思いますので、その疑問にお答えします。上手く行けば、その回答の中で、クィア・スタディーズに関して、あるいはセクシュアルマイノリティに関して考える時に陥りがちな罠とそこからの抜け出し方を指摘できるはずです。

クィア・スタディーズの大きな特徴は、その「捉え返し」の思想です。第五章の内容を思い出してください。「それぞれのマイノリティは固有の問題を抱えそれぞれ解決に向けて活動しているけれども、連帯しないと解決できない問題もあるのではないか」「被差別者として回収されない肯定的なセルフイメージも重要だが、否定的なイメージを逆手にとることも重要なのではないか」「アイデンティティには自己肯定と社会変革を促す意義があるが、アイデンティティ自体が足枷となることを認識すべきではないか」、というのがクィア・スタディーズを駆動させる基本的な発想です。いずれも、従来の発想を「捉え返す」ものであることがわかると思います。

ここで重要なのは、これらの「捉え返し」は、「捉え返される」前の段階の意義を十分に理解した上ではじめて意味を持つということです。クィア・スタディーズは「マイノリティの間に違いはもともとない」「肯定的なセルフイメージなどはない」「アイデンティティはいらない」と主張したいのではないのです。マイノリティ間の差異も肯定的なセルフイメージもアイデンティティの意義もある、けれどもさらに詳しく考えていくと批判の余地がある、とクィア・スタディーズは主張しているのです。

したがって、クィア・スタディーズの要点を押さえるためには、むしろクィア・スタディーズ以前（特に一九六〇年代以降）の社会運動や学問の意義をしっかりと把握する必要があります。そうでなければ、クィア・スタディーズの肝である「けれども」を深く理解することはできません。クィア・スタディーズに「進化」する前のセクシュアルマイノリティに関する研究は間違っていたので今は知る必要がない、というわけでは全くないのです。第五章と第六章だけ読んでもクィア・スタディーズの肝は全くわからない、と言い換えることもできます。

本書が準備編に多くの記述を割いているのは、このような理由からです。準備編が基本編&応用編に負けず劣らず重要であるとの私の主張を、準備編の記述の分量から読み取ってもらえればと思います。準備編がストンと腑に落ちれば、その先に現れる「けれども」の意義もまた、確実に理解できるはずです。

†「なんでもあり」ではなぜいけないのか

もちろん、準備編が厚めであることには、セクシュアルマイノリティに関する知識をほとんど持っていない人が少なくないのでその知識不足を確実に補いたい、という単純な理由もあります。第一章でも述べた通り、セクシュアルマイノリティを十把一絡げに「自分とは関係ない、よくわからないもの」に分類してしまう人は少なくありません。もう少し話が入り組むと、「私はセクシュアルマイノリティを差別しない」と宣言しているその人のセクシュアルマイノリティに関する知識が滅茶苦茶で、実際には「差別しない」宣言が当てはまる対象がそもそもこの世には存在しない、という笑えない事態すら存在します。

本書が知識にこだわるのは、無知と結びついた「なんでもありでいいんじゃない」という立場の脆弱さを強く危険視しているからです。確かに、カタカナ言葉や分類の軸といった難しい知識は脇に置いておいて「なんでもあり」とすればいいではないかという立場は、分かりやすく「倫理的」なので魅力的に見えます。しかし、「誰も差別せず、なんでもありだと認めれば十分」という立場は、「だからマイノリティについてはきちんと知らなくてもよい（なぜなら差別しないと宣言すればそれで十分なのだから）」という帰結に陥りがちです。本当に「なんでもあり」だと思っているとしても、無知に基づいて同性愛者に「手術はいつするの？」と言ってしまうような人は、やはり結果として相手を傷つけかねないわけですから、この帰結に問題なしとは言えないでしょう。

ですから、「なんでもあり」という信念は、可能な限り正確な知識に基づく必要があります。もちろん、一度に完璧に知識を習得することは不可能ですし、これまでの議論からも分かるように、正しい知識自体の内容が時代によって変わるので、知識の習得に終わりがない（のでどう転んでも「面倒くさい」）ことは事実です。しかし、他者を自分に都合よく解釈して傷つけないためにも、知識に基づく「なんでもあり」をできるかぎり追い求めていくことは、必要なことです。そして、知識を正確に積み重ねていく学問としてのクィア・スタディーズには、「なんでもあり」を堅牢に支えるための重要な意義がある、と私は強く思います。

†より深く知るために

そろそろ読者を本書の外側に送り出さなければならないのですが、その前に、クィア・スタディーズの分野のより専門的な書籍や論文、いわば「中級編」への案内をしたいと思います。というのも、本書をまさに読んでいる読者にとって、読むという行為はもっとも馴染み深いものであり、本や論文を読むという行為は、論文を書いたり研究発表をしたりすることに比べればかなりハードルの低い行為だからです。

何よりまず、本書で紹介している書籍や論文を読むことをおすすめします。読書案内として巻末で分野ごとの必読文献を紹介していますので、ぜひそれらの文献を読んでください。また本書が引用している文献も、それぞれ重要なものですので、参考文献一覧をもう一つの読書案内として活用するのもおすすめです（最重要文献については、本文中で引用されているものでも改めて読書案内で紹介しています）。それらの文献の中で引用されている文献へと「芋づる式」に読み進めると、さらに知識を深められると思います。

†「下ごしらえ」の重要性

いよいよ読者のみなさん自身がそれぞれの気になる事象をクィア・スタディーズの視座から検討する地点へ到達したようです。その事象は、現実のものでも、（フィクションを扱うことも多い）文学作品や映画などの中のものでも、あるいは法や思想などある種の「理念」にまつわるものでもかまいません。存分にクィア・スタディーズを実践してもらうためのコツを一つお伝えし、改めてクィア・スタディーズの魅力を私なりに説明して、本書を終えたいと思います。

クィア・スタディーズを考察に用いる際のコツは、クィア・スタディーズの切れ味を試す以前の「下ごしらえ」をしっかりしておくことです。例えば、「性同一性障害の外科的な治療において、患者のアイデンティティを固定化させる圧力が働いてしまわないか」は、クィア・スタディーズの扱う問いとして適切でしょう。しかし、同性愛とトランスジェンダーの区別もついていない人の吐露する「性転換手術」に関する偏見に対しては、まずその事実誤認を指摘し批判する必要があります。クィア・スタディーズを用いるのは、その後で遅くありません。

具体的な手順として表現すると、考察したい対象にいきなり第五章や第六章の内容を突き合わせるのではなく、まず第二章、ついで第三章と第四章の内容に照らし合わせて検討・批判し、その上で第五章や第六章の内容を突き合わせていくことが重要です。

先の偏見に関する例でも、まず事実誤認を指摘した上で、その事実誤認自体が、トランスジェンダーも同性愛も「よくわからないおかしな性癖」と捉える偏見に基づくことを発見できれば、それをヘテロノーマティヴィティの一例として批判することができます。これはクィア・スタディーズの知見として適切です。本書の記述の順番そのものがクィア・スタディーズの実践の手順に流用可能なのです。例えば大学などで課されるレポート作成でもこのコツは使えます。試してみてください。

†軌道修正の能力・知ることの魅力

クィア・スタディーズの魅力とは何かと問われれば、私は相反するように思える二つの要素を挙げます。一つは、調べ、考え、世の中をもっとよくする営みとしての学問の醍醐味です。もう一つは、性の繊細で複雑なありようを明らかにしていくこと自体の知的な快楽です。

クィア・スタディーズは、セクシュアルマイノリティの社会運動にその多くを負っているため、世の中をよくすることを強く志向する側面があります。第六章でとりあげたヘテロノーマティヴィティやホモナショナリズムといった言葉が、社会のあり方を批判するものであったことを思い出してもらえれば、この点はすぐに納得できると思います。

特に、私が魅力的に感じるのは、クィア・スタディーズという学問が世の中をよくすることに独特の仕方で貢献できる点です。たしかに、選挙に立候補したり投票したり、あるいはデモに参加したりその他の社会運動に参加したりすることに比べれば、学んで賢くなる、というのはいかにも内向きで、世の中に何の影響も与えないようにも思えます。しかし、学問が直接的な「世直し」でないからこそ独自にできることがあると私は考えます。

選挙やデモやその他の社会運動においてさまざまな人が掲げている理念や政策を吟味する際、クィア・スタディーズはその本領を遺憾なく発揮します。「正しい」とされる性道徳の差別性や、一部のセクシュアルマイノリティにとっての「正しさ」が他のセクシュアルマイノリティを傷つける可能性などをいち早く察知し、警告を発することはクィア・スタディーズが得意とするところです。

正しさに関する厳格な基準を自らに課してきた学問としてのクィア・スタディーズこそが持つこの種の軌道修正の能力こそ、クィア・スタディーズの魅力であり、クィア・スタディーズを学ぶものが身につけるべき知性の内実だと私は考えています。もちろん、学問は（何が望ましく、何が望ましくない社会かという）価値判断をしてはならないという立場もありますし、学問は面倒な理屈で「世直し」の邪魔をするな、という立場もあるでしょう。しかし私としては、社会運動に多くを負う学問としてのクィア・スタディーズが、学問的な正しさに関する修練と知見を資源として世の中をよくする営みに（時に批判的に）関与していくことは可能でありまた必要でもあり、そして魅力的なことだと考えています。

他方で、性についてより深く繊細な知見を得ることの楽しさそのものがクィア・スタディーズの魅力だとも考えています。私にとって、私には性別があると感じること、時に誰かに性的欲望を抱くこと、何かに性的快楽を感じること、そしてそれらが他の人々と共有できたり共有できなかったりする経験であること、それらはとにかく不思議なことなのです。

とかく性というのは気になり出すと際限なくわからないことが積み重なってしまう、不思議な現象です。それらについて調べ、考え、分析して少しずつ何かがわかる（で、また何もかもがわからなくなりさえする）というのは、とてもスリリングな営みであるように思えます。あれやこれを「正しくない」「気持ち悪い」性のあり方として捨て去り、残ったものに「本能」とラベルを貼って分かった気になってしまうことのみっともなさに比べれば、クィア・スタディーズの内にある「性が分からない、だから知りたい」という欲望の熱量は、それ自体とても貴いと私は考えています。

クィア・スタディーズに「入門」することは実は不可能です。なぜならクィア・スタディーズが対象とする現象は「門」の内側に囲い込まれてはおらず、「門」の内外を含む人間社会全体に広がっているからです。

むしろクィア・スタディーズは、顕微鏡や望遠鏡、集音器やノイズキャンセリングイヤホンのように、それぞれの人が今いる場所から人間社会を新たな仕方で捉えるための道具だと考える方が適切です。本書では、基本的な道具を渡し、基本的な使用法を伝えることまでしかできません。私としては、それぞれの人がそれぞれの場所からその道具を使いこなしてくれることを、あとは祈るばかりです。

性の多様性に関してさらに知識を深めてもらうため、日本語で読める本や論文を紹介します。古い雑誌に掲載された論文なども含んでいますが、公共図書館などを使えば比較的容易に入手できる文献ばかりですので、興味を持ったものを積極的に読んでみてください。

なお、ここでとりあげる全ての文献が、「クィア・スタディーズの文献」＝クィア・スタディーズの視座のもとに書かれたものであるわけではありません。クィア・スタディーズの視座によって書かれたか否かではなく、その文献が重要であったり面白かったりすることを基準に紹介する文献を選んだからです。それぞれの文献が「クィア・スタディーズの文献」と言えるかは、ぜひ実際に読んで読者のみなさんが判断してみてください。なお、私が読んで「クィア・スタディーズの視座に基づいて書かれていて、かつ重要で面白い」と特に感じた文献には★印を付けています。必要でしたら参考にしてください。

†セクシュアルマイノリティに関する基礎知識

二〇一七年現在、セクシュアルマイノリティに関する基礎知識（例えばL・G・B・Tがそれぞれ何を指すのか、など）を書籍から得るのはそう難しくありません。書籍の通販サイトなどで「LGBT」「セクシュアルマイノリティ」などと検索すれば、多くの一般読者（専門的に学びたいわけではない人、くらいの意味で理解してください）向け書籍が見つかるからです。

しかしながらこれらの書籍には厄介な問題があります。セクシュアルマイノリティに関するかなり基本的な知識ですら、説明の仕方が書籍によって異なるのです。例えば「LGBT」という言葉の説明もばらばらです。「LGBTとはセクシュアルマイノリティのことである」という説明と「セクシュアルマイノリティの中にはLGBTが含まれるが、それが全てではない」という説明には、本書の読者ならお気づきのように看過できないほどに大きな違いがあります。複数冊を比較しながら読むことを推奨します。

それでも一冊ということであれば、LGBT支援法律家ネットワーク出版プロジェクト編著『セクシュアル・マイノリティQ&A』（弘文堂、二〇一六）を読んでみてください。

基礎知識から当事者の具体的なニーズやトラブルの対処法まで、幅広く知ることができます。セクシュアルマイノリティ当事者とマジョリティのどちらが読んでもためになると思います。

セクシュアルマイノリティの問題だけでなくその他の性に関するテーマ（結婚、女性の就労、性の商品化など）も知りたい人には、加藤秀一・石田仁・海老原暁子『図解雑学ジェンダー』（ナツメ社、二〇〇五）、および千田有紀・中西祐子・青山薫『ジェンダー論をつかむ』（有斐閣、二〇一三）を勧めます。私自身、性に関して広くいろいろなことを知りたいと思っている（特に初学者の）学生には、何度となくこれらの書籍を勧めてきました。基本的な論点を押さえた上でセクシュアルマイノリティの問題も考えたい、ただしできれば平易なものから読みはじめたいという人には最適だと思います（特に前者は「図解」なのでとても容易に読み切れます）。

セクシュアルマイノリティに関する現況や新しい学術的動向を知りたい、という人は、雑誌『現代思想』二〇一五年一〇月号「特集ＬＧＢＴ――日本と世界のリアル」に複数の論考が収められていますので、それらを読むことを勧めます。図書館などで借りられる場合は、同じく『現代思想』一九九七年五月臨時増刊号「総特集　レズビアン／ゲイ・スタディーズ」と読み比べるとさらに理解が立体的になると思います。

†男性同性愛

日本のセクシュアルマイノリティに関する「各論」を以下紹介していきます。まずは男性同性愛についてです。

「同性愛」概念の誕生については古川誠「セクシュアリティの変容――近代日本の同性愛をめぐる3つのコード」(『日米女性ジャーナル』一七号、一九九四)が最重要文献です。「男色」から「同性愛」への移行については前川直哉『男の絆――明治の学生からボーイズ・ラブまで』(筑摩書房、二〇一一)が必読です。戦後の歴史に関しては充実した論考ばかりが収録された矢島正見編著『戦後日本女装・同性愛研究』(中央大学出版部、二〇〇六)がおすすめです。社会運動の歴史的記述が厚い「概論」として、風間孝・河口和也『同性愛と異性愛』(岩波書店、二〇一〇)も必読です。

現代(に近い時代)の男性同性愛者について知りたい人には砂川秀樹『新宿二丁目の文化人類学――ゲイ・コミュニティから都市をまなざす』(太郎次郎社エディタス、二〇一五)を強くすすめます。自著を挙げるのはルール違反かもしれませんが、『「ゲイコミュニティ」の社会学』（勁草書房、二〇一二）も砂川さんの本と同じく男性同性愛者に関する研究書です。両者の間のスタンスの違いを読み比べるのもよいかもしれません。

†女性同性愛

女性同士の親密な関係性が同性愛という言葉に回収されていく歴史に関しては、赤枝香奈子『近代日本における女同士の親密な関係』（角川学芸出版、二〇一一）を読むことを強く勧めます。レズビアン・フェミニストの運動に関しては杉浦郁子「日本におけるレズビアン・フェミニズムの活動――1970年代後半の黎明期における」（『ジェンダー研究』一一号、二〇〇八）やその他の杉浦さんの研究論文、および飯野由里子『レズビアンである〈わたしたち〉のストーリー』（生活書院、二〇〇八）が必読です。現代においてレズビアンを名乗ることの政治的な意味については、堀江有里『レズビアン・アイデンティーズ』（洛北出版、二〇一五）を読むことできわめて明快に理解できると思います。

なお、男性同性愛および女性同性愛の双方に関する重要かつ興味深い文献が収録された書籍として、小山静子・赤枝香奈子・今田絵里香編『セクシュアリティの戦後史』（京都大学学術出版会、二〇一四）をここで紹介しておきます。

†バイセクシュアル

「LGBT」というセクシュアルマイノリティの中の「メジャーな四類型」に含まれているにもかかわらず、バイセクシュアルについて日本語で書かれた学術的な文章はあまり多くありません。そのこと自体、日本社会におけるバイセクシュアル差別の現れだと言えます。

とはいえ、いくつかの極めて重要な研究がなされています。竹村和子「忘却／取り込みの戦略――バイセクシュアリティ序説」（藤森かよこ編『クィア批評』世織書房、二〇〇四）、青山薫「「バイ・セクシュアル」である、ということ」（金井淑子編著『身体とアイデンティティ・トラブル――ジェンダー／セックスの二元論を超えて』明石書店、二〇〇八）、同じく青山薫「「『バイ・セクシュアル』である」と、いうこと」再考」（『現代思想』二〇一五年一〇月号）はいずれも必読文献です。

補足的な論点ですが、ポリアモリー（オープン・リレーションシップとも呼ばれます）の実践者にバイセクシュアルの人が多いことが知られています（全てのバイセクシュアルの人がポリアモリーを望んだり実践しているわけではもちろんありません）。「浮気」や「二股」などではなく「誠実な複数愛」だ、と説明されるポリアモリーについては、深海菊絵『ポリアモリー　複数の愛を生きる』（平凡社、二〇一五）が必読です。ただし、ポリアモリストもまたセクシュアルマイノリティの一つの「種類」だとする感覚は、少なくとも二〇一七年現在はあまり存在しないようです。

†トランスジェンダー

トランスジェンダーやそれに隣接するテーマに関する書籍や論文はかなり多く存在しています。異性装に関しては三橋順子『女装と日本人』（講談社、二〇〇八）ほか三橋さんの緻密な作業から多くの知見を得ることができます。トランスジェンダーに関する概論的知識や当事者のニーズなどを知りたいなら米沢泉美編著『トランスジェンダリズム宣言――性別の自己決定権と多様な性の肯定』（社会批評社、二〇〇三）がためになります（少し古い本ですが）。トランスジェンダーという現象を、よりラディカルな視座から読みとくものとしては★田中玲『トランスジェンダー・フェミニズム』（インパクト出版会、二〇〇六）が重要です。現在英訳本の刊行も準備されているそうです。また、繰り返しての紹介になりますが、矢島正見編著『戦後日本女装・同性愛研究』所収の各論考は必読です。

性同一性障害に焦点を当てた書籍は硬軟合わせて多数存在するので、ここでは「硬め」のものを紹介します。医療や性別変更に関する法律などに関するものとしては石田仁編著『性同一性障害――ジェンダー・医療・特例法』（御茶の水書房、二〇〇八）および南野知恵子・川﨑政司・針間克己編『性同一性障害の医療と法――医療・看護・法律・教育・行政関係者が知っておきたい課題と対応』（メディカ出版、二〇一三）があります。ただし、性同一性障害にまつわる制度は急激に変化していますので、掲載の情報があっという間に古くなる（あるいはすでに古くなってしまっている）ことには注意が必要です。性同一性障害から「性別」のメカニズムそのものを明らかにする研究としては鶴田幸恵『性同一性障害のエスノグラフィ――性現象の社会学』（ハーベスト社、二〇〇九）が必読です。また、現在でも性自認という概念の説明によく用いられる「心の性」というレトリックに疑義を呈した中村美亜『心に性別はあるのか？――性同一性障害《ジェンダー・アイデンティティ・ディスオーダー》のよりよい理解とケアのために』（医療文化社、二〇〇五）もぜひ読んで欲しい本のうちの一冊です。

　また、Xジェンダー（男性でも女性でもない性自認を生きる人々）については、Label X編著『Xジェンダーって何？――日本における多様な性のあり方』（緑風出版、二〇一六）が基礎知識を網羅しています。先述の田中玲『トランスジェンダー・フェミニズム』にも

Xジェンダーに関する記述があります。

ここまで多様なセクシュアルマイノリティに関する文献を紹介してきましたが、「LGBT」に含まれないセクシュアルマイノリティは他にも存在します。今後、そのような人々に関する研究がさらに進んでいくことが予想されますので、書籍通販サイトやCiNii（日本の論文の横断検索サイト）を用いて最新の情報を追いかけることもとても重要です。なお、本書では全く扱うことのできなかった小児性愛やSMについては、パット・カリフィア『パブリック・セックス――挑発するラディカルな性』（青土社、一九九八）が極めて刺激的な議論を展開しています。

（二〇二一年九月六日追記）トランスジェンダーやその下位分類をめぐっては議論の蓄積によって整理が進んでおり、本書の内容の一部は少し古くなってしまいました。風間孝ほか著『教養のためのセクシュアリティ・スタディーズ』の2章「性別の越境」などを通じて知識のアップデートをお願いします。SNS上でのトランスフォビア（トランスジェンダー嫌悪）については、まず『女たちの21世紀』98号の「フェミニズムとトランス排除」特集を読むことで現状を知り、抵抗の策を身につけてください。

†カミングアウトとアウティング

カミングアウトが単なる「秘密の告白」ではなく、マイノリティを私的な領域に押し込めようとする圧力への抵抗であることを論じた重要文献として、まず田崎英明「生の様式としてのセイファー・セックス」(『現代思想』一九九二年六月号)を挙げておきます。カミングアウトに関しては、河口和也「懸命にゲイになること——主体、抵抗、生の様式」(『現代思想』一九九七年三月号)、および風間孝「カミングアウトのポリティクス」(『社会学評論』五三巻三号、二〇〇二)も必読です。

家族に対するカミングアウトについては三部倫子『カムアウトする親子——同性愛と家族の社会学』(御茶の水書房、二〇一四)が、緻密で繊細な議論を展開しています。カムアウトした側とカムアウトされた親や教師の側のその後のコミュニケーションについては、(学術的な文章ではありませんが)RYOJI+砂川秀樹編『カミングアウト・レターズ——子どもと親、生徒と教師の往復書簡』(太郎次郎社エディタス、二〇〇七)が、落涙を禁じ得ない感動的なエピソードの宝庫となっていて必読です。また、セクシュアルマイノリティがパレードに参加し自らの存在を可視化させることを「集団カミングアウト」だと読み解いた論文として、クレア・マリィ「集団カミングアウト」〈クィア・スタディーズ編集委員会編『クィア・スタディーズ'97』七つ森書館、一九九七〉も重要です。

カミングアウトと似て非なるものが、他人の性に関する情報を当人の許可なく暴露してしまうアウティングです。アウティングが単純な「秘密の暴露」を超えて許されてはならない理由が、清水晶子「大学は〈大学〉を守れるのか——大学におけるセクシュアル・マイノリティ」(『世界』二〇一六年一一月号)に詳しく説明されています。第一章でもとりあげた、アウティングを苦に自殺してしまった大学生のエピソードについて書かれた、極めて重要な文章です。その他、この痛ましい事件に関しては南和行「一橋大学ロースクール事件について——命はすくえなかったのか」、清水晶子「RANT」が『現代思想』二〇一六年一一月号に収録されています。いずれも必読です。

†HIV/AIDS

クィア・スタディーズの創成にとってHIV/AIDSの問題が極めて重要な一因であったことは本文中で述べましたので、ここでは日本国内のエイズに関する文献をとりあげたいと思います。

ＨＩＶ／ＡＩＤＳとゲイの関わりについては、大石敏寛・河口和也「エイズをめぐる言説、規制、患者・感染者――そして共生へ」（大庭健他編『シリーズ性を問う5　ゆらぎ』専修大学出版局、一九九八）が基礎文献です。日本のゲイのコミュニティ形成にＨＩＶ／ＡＩＤＳの問題がどのように関わっていたかに関しては、新ヶ江章友『日本の「ゲイ」とエイズ――コミュニティ・国家・アイデンティティ』（青弓社、二〇一三）が詳しく論じていて必読です。エイズの問題にかかわる当事者や利害関係者ではない人々がいかにＨＩＶ／ＡＩＤＳに関する社会的活動に参加しその経験を意味づけるのか、という興味深い問いを考察したものとしては、本郷正武『ＨＩＶ／ＡＩＤＳをめぐる集合行為の社会学』（ミネルヴァ書房、二〇〇七）があります。エイズ予防法案（セクシュアルマイノリティに対して大変に差別的なものでした）に反対したレズビアンについては、先述の飯野由里子『レズビアンである〈わたしたち〉のストーリー』に詳しく描かれています。

†翻訳本の世界

ここまで、日本語で書かれていてかつ日本国内のセクシュアルマイノリティに関する（記述の多い）文献を取りあげてきました。ここでは、日本語翻訳のあるセクシュアルマイノリティに関する文献のうち、「クィア・スタディーズ以前」の重要文献をいくつか紹介します。

西洋近代それ自体が性にとり憑かれていることを圧倒的なスケールで描いた書として、ミシェル・フーコー『性の歴史I　知への意志』(新潮社、一九八六)を勧めておかねばなりません。性について最も徹底的かつ深く考えるとはどのようなことであるのか、この書物は示しています。現在の歴史学の水準から見て全ての知見が正しいとはいえないのですが、クィア・スタディーズに大きな影響を与えた文献として、必読の価値を持つことは間違いありません。

一九六〇年代のアメリカで、ゲイとしてのアイデンティティを持つゲイたちがどのように社会運動をおこなっていったかに関してはデニス・アルトマン『ゲイ・アイデンティティ――抑圧と解放』(岩波書店、二〇一〇)が必読です。クィア・スタディーズはアイデンティティを無条件に賛美することに対しては否定的ですので、本書全体のトーンも「アイデンティティ批判」に読めてしまうかもしれません。しかし、ゲイアイデンティティが歴史上とても大きな意味と意義を持ったことはあり、またその意味や意義の中には今でも薄れることのない部分も確実に存在します。アイデンティティを単なる「悪者」にしないためにも、アルトマンのこの著作を読むことは有効です。

ヨーロッパにおけるレズビアンの歴史を扱ったものとしてリリアン・フェダマン『レズビアンの歴史』（筑摩書房、一九九六）が有名です。二〇世紀初頭の性科学との出会いから一九九〇年代の社会運動まで、射程の長い議論が一冊にまとめられています。

同性愛者差別やそれへの同性愛者自身の抵抗のあり方について知るには、ルイ＝ジョルジュ・タン『〈同性愛嫌悪《ホモフォビア》〉を知る事典』（明石書店、二〇一三）を読むことを勧めます。「事典」とありますが、各項目は辞書ほどには短くなく、気になった項目を読み物として楽しむことが可能です。

トランスジェンダーの政治運動についてはパトリック・カリフィア『セックス・チェンジズ――トランスジェンダーの政治学』（作品社、二〇〇五）が必読です。和訳書には重要な論点を含む（カリフィア以外の著者による）三つの文章が併載されているので、合わせて読むことでカリフィアの主張を日本の文脈に引き寄せて再解釈することも可能になっています（ちなみにパトリック・カリフィアは先述の『パブリック・セックス』の著者パット・カリフィアと同一人物です。レズビアンからトランスジェンダー男性へとトランジションをしたのに伴い、筆名もまた変更されました）。

セクシュアルマイノリティ全体の大きな歴史を知りたい人はジェフリー・ウィークス『われら勝ち得し世界――セクシュアリティの歴史と親密性の倫理』（弘文堂、二〇一五）を読んでください。私の手元にある書籍の帯には「二一世紀版『性の歴史』」と書かれています。フーコーの『性の歴史』を歴史学者であるウィークスが大幅にアップデートしたとは、たしかに言えそうです。

†東アジア

入門書としてのわかりやすさを重視するため、本書は西洋の歴史や研究と日本のそれとに焦点をあて、両者の結びつきがわかるように書かれています。しかし、このような「西洋中心主義」は、アジアの国々との交流や相互浸透の中に日本が置かれていることを軽視している点で、不十分さを抱えていることは間違いありません。日本を「西洋」＝「先進国」の側と同一視し、他のアジアの国々を「遅れた」ものと見なすことも批判されるべきです（本書がそのようなものとして読まれないことを願っています）。

そこで、東アジアのセクシュアルマイノリティに関して、日本語で読めるものをいくつか紹介します。本書と突きあわせて読むことで、本書をアジアの文脈に置き直して理解することができると思います。

中国のジェンダーとセクシュアルマイノリティに関しては、スーザン・マン『性からよむ中国史――男女隔離・纏足・同性愛』（平凡社、二〇一五）が必読です。遠山日出也「近年の中国におけるLGBT運動とフェミニスト行動派」（『現代思想』二〇一五年一〇月号）も手に取りやすい文献です。

二〇一七年現在、セクシュアルマイノリティに関してアジアで（あるいは世界で）もっとも熱い動きを見せている台湾に関しては、まずは福永玄弥「『LGBTフレンドリーな台湾』の誕生」（瀬地山角編著『ジェンダーとセクシュアリティで見る東アジア』勁草書房所収、二〇一七）が必読です。セクシュアルマイノリティの社会運動とフェミニズム運動の関連については、同書所収の福永玄弥「台湾におけるフェミニズム的性解放運動の展開――女性運動の主流化と、逸脱的セクシュアリティ主体の連帯」や、何春蕤『「性／別」撹乱――台湾における性政治』（御茶の水書房、二〇一三）を読むとよいでしょう。

アジアにおけるセクシュアリティ、という広いテーマでは井上章一編『性欲の研究――エロティック・アジア』（平凡社、二〇一三）が必読です。少し脱線しますが、編者の井上章一さんは、性の持つある種の「下世話さ」を漂白せずに知的な探究として昇華させることのできる、稀有な研究者でもあります。セクシュアルマイノリティに関する言及も豊富な井上章一・斎藤光・澁谷知美・三橋順子編『性的なことば』（講談社、二〇一〇）は読み物として無類に面白いので、ぜひ読んでみてください（扱っているのは日本の「性的なことば」です）。

本筋に戻りますが、アジアに関してはそれぞれの地域に特化したセクシュアルマイノリティについての研究が急速に蓄積されてきています（若手の研究者の台頭が著しい分野でもあります）。インターネットで最新の論文を検索し、そのままオンラインで（日本語で）いくつも読むことも、数年のうちにかなり容易になると思います。

†クィア理論

何よりもまず、★テレサ・デ・ローレティス「クィア・セオリー――レズビアン／ゲイ・セクシュアリティ　イントロダクション」（『ユリイカ』一九九六年一一月号）を読むべきです。クィア・スタディーズのはじまりの清冽な息吹を文章のあちこちから感じてください。

クィア理論のまさに理論体系を私には示すことができません。私が「理論」の専門家でないことも理由ですが、そもそもクィア理論は確固たる静的な体系のようなものではないからです（クィア・スタディーズがアイデンティティの固定性を疑っていることを思い出してください）。そこで、本書中では挙げられませんでしたが、理論的な含意を多く持つと思われるトランスジェンダー関連の文献を二つここで挙げます。私自身がゲイに関する研究を専門としているため、本書の記述は同性愛が中心になってしまっている可能性があります。そのことに対するバランスを取るためでもありますが、何よりこれらの文献の刺激的な側面を紹介したいからでもあります。一つ目は★ジュディス・ハルバーシュタム「女の男性性――歴史と現代」（竹村和子編著『ジェンダー研究のフロンティア5　欲望・暴力のレジーム――揺らぐ表象／格闘する理論』作品社、二〇〇八）です。女の男性性は、男の女性性（「オネエ」らしさもその一つと言えるかもしれません）に比べて不可視のものとなっていますが、その潜勢力を功罪含め提示したのがこの文章です。二つ目は★ケイト・ボーンスタイン『隠されたジェンダー』（新水社、二〇〇七）です。トランスジェンダーが典型的「女」「男」像に回収されることに対し毅然と反旗を翻した、きわめて重要な記念碑的著作です。

†バトラー

ジュディス・バトラーの著作は、ほとんど全てが日本語訳されていますので、日本語で読むこと自体にはほとんど困りません。と言いつつも、原文が晦渋であるため、日本語訳も読みやすいとは言えないのが正直なところです。解説書であるサラ・サリー『ジュディス・バトラー』（青土社、二〇〇五）を導きの糸にして読み進めるのも有意義でしょう。『現代思想』二〇〇〇年一二月号および二〇〇六年一〇月臨時増刊号がバトラーを特集していますので、こちらもあわせるとさらに理解が深まると思います。

最初に読むべきは★『ジェンダー・トラブル――フェミニズムとアイデンティティの攪乱』（青土社、一九九九）です。あとは興味関心に応じて読めばよいと思いますが、トランスジェンダーについて論じている重要な文章として★「ジェンダーをほどく」（先述の『ジェンダー研究のフロンティア5　欲望・暴力のレジーム――揺らぐ表象／格闘する理論』所収）を紹介しておきます。

実は、クィア・スタディーズの研究者が最も読むべきバトラーの著作（の少なくとも一つ）として、*Bodies That Matter* というものがあるのですが、その全訳は残念ながらありません。終章のみが★「批評的にクィア」(『現代思想』一九九七年五月臨時増刊号「総特集レズビアン/ゲイ・スタディーズ」)として訳されていますので、ぜひ読んでみてください。

†セジウィック

セジウィックの著作は二冊が日本語に訳されています。本文中でもとりあげたホモソーシャル概念を彫琢したのは、★『男同士の絆――イギリス文学とホモソーシャルな欲望』(名古屋大学出版会、二〇〇一)です。序章と第一章は理論的な考察に当たるので、文学を専門としない人でもこの二章は読みやすいと思います。また、同性愛と異性愛の境界線のメカニズムを極めて精緻に読み解いたものとして★『クローゼットの認識論――セクシュアリティの20世紀』(青土社、一九九九)があります。序論「公理風に」は、重要な論点がこれでもかと詰まった、必読の文章です。

†同性婚・同性パートナーシップ

ぐっと現代的な事象に移ります。同性婚に関しては、学術的な文章に限定しなければ、かなり多くの書籍が出版されています。書籍通販サイトなどで「同性婚」という言葉を検索すれば、かなりの点数が見つかるはずです。この項目では、文章に絞って紹介します。パートナーシップや異性間の事実婚も含む包括的で基本的な論点を提示した重要な著作としては杉浦郁子・野宮亜紀・大江千束編著『パートナーシップ・生活と制度［結婚、事実婚、同性婚］【増補改訂版】』（緑風出版、二〇一六）があります。法制度に関する緻密な議論としては、谷口洋幸さんの一連の研究がとても重要です。ここでは法律の専門家以外にも理解しやすいものとして「同性間パートナーシップと法制度——日本法の現状と課題」（『アメリカ法』二〇一五年一号）を紹介しておきます。同性婚制度を擁護する論文としては、清水雄大さんの「日本における同性婚の法解釈〈上・下〉」（『法とセクシュアリティ』二〇〇七年二月号）、「同性婚反対論への反駁の試み——『戦略的同性婚要求』の立場から」（"Gender and Sexuality : Journal of Center for Gender Studies, ICU" No.3, 2008）が重要です。全く逆に婚姻制度に反対する立場から「反婚」を掲げる論考として、前述の堀江有里『レズビアン・アイデンティティーズ』第六章の議論も必読です。

†セクシュアルマイノリティの現在

二〇一七年現在の「LGBT」ブームの狂騒の背後には、本文中で指摘した「新しいホモノーマティヴィティ」の問題が存在します。この点を鋭く指摘したきわめて重要な文献が、★清水晶子「「ちゃんと正しい方向にむかってる」――クィア・ポリティクスの現在」(三浦玲一・早坂静編著『ジェンダーと「自由」――理論、リベラリズム、クィア』彩流社、二〇一三)です。これまた自作をとりあげるルール違反を犯しますが、私の書いた「セクシュアルマイノリティとネオリベラリズム」(『解放社会学研究』三〇号、二〇一七)も同様のテーマを扱っています。LGBTビジネスや同性婚をめぐる議論が今後さらに日本で活発になる中で、「新しいホモノーマティヴィティ」や「ネオリベラリズム」といった論点は、ますますその重要性を増していくと思われます。

本書筆者の私は社会学者です。したがって、本書の内容は必然的に社会科学に重点が置かれたものになってしまいますが、クィア・スタディーズはそのようなディシプリンの枷に縛られません。クィア・スタディーズの来歴を考えれば、むしろ哲学や文学、演劇や映画などの研究こそクィア・スタディーズの「主流」だとも言えます(もちろん、「主流/傍流」という考え方を嫌うクィア・スタディーズは、このようなまとめ方をもまた批判の対象としますが)。そこで、本書中で言及できなかったディシプリンのいくつかに関して、重要な文献を最後に紹介します。

†文学

なにはともあれ、セクシュアルマイノリティという言葉の「硬さ」さえ鬱陶しくなってしまうような、みずみずしい文学作品を実際に読んでみなければ話ははじまりません。平凡社ライブラリーの『[新装版]レズビアン短編小説集――女たちの時間』(二〇一五)、『ゲイ短編小説集』(一九九九)、『クィア短編小説集――名づけえぬ欲望の物語』(二〇一六)を手に取り、気になった作品から読みはじめてください。いずれの著作も解説が充実していますので、そちらを導きの糸とするのもよいでしょう。とりわけ、『クィア短編小説集』監訳者の大橋洋一さんによる★「解説」を読むと、文学作品の「クィアな読解(クィア・リーディング)」とはどのような営みなのかが明快に分かると思います。

日本語で読める、クィア・リーディングの文献としては、藤森かよこ編『クィア批評』(世織書房、二〇〇四)、★村山敏勝『(見えない)欲望へ向けて――クィア批評との対話』(人文書院、二〇〇五)、中央大学人文科学研究所編『愛の技法――クィア・リーディングとは何か』(中央大学出版部、二〇一三)があります。文学とクィア・スタディーズの相性のよさを感じる、刺激的な論考が多く収録されています。

とはいえここまで紹介した書籍はすべて海外小説（および映画）を題材にしていますので、日本の小説を題材にしたクィア・リーディングの重要な書籍を紹介します。日本の現代小説における「都会的でクリエイティヴな」ゲイの描かれ方に日本社会の「新しいホモノーマティヴィティ」を読み取った★黒岩裕市『ゲイの可視化を読む——現代文学に描かれる〈性の多様性〉?』（晃洋書房、二〇一六）が、読みやすくかつ重要な論点を指摘していて必読です。

†映画・演劇・アート

映画のクィアな読み解きの面白さを体感するには、やはり面白い映画を実際に観るしかありません。幸いなことに、出雲まろう責任編集『虹の彼方に——レズビアン・ゲイ・クィア映画を読む』（パンドラ、二〇〇五）という素晴らしいガイドが出版されていますので、この書籍を頼りにたくさんの映画を観るのがもっともよいかと思います。

一九九〇年代前半以降、日本国内の各地でセクシュアルマイノリティに関する映画を集中的に上映する映画祭が開催されています。この映画祭については、菅野優香「クィア・

LGBT映画祭試論」(『現代思想』二〇一五年一〇月号)が論じています。菅野優香さんのその他の作業では、個々の映画作品に対する緻密な読解を読むことができます。

映画を中心とした映像表現のクィアな読み解きをもっともまとまった形で読めるものとしては、竹村和子『彼女は何を視ているのか――映像表象と欲望の深層』(作品社、二〇一二)が必読です。ジュディス・バトラーの思想を日本に紹介した立役者の一人であり、日本のフェミニズム、クィア・スタディーズの深化にとって間違いなく最も重要な貢献をした竹村さんですが、残念ながら二〇一一年に逝去されました。映画を題材にしたものに限らず(竹村さんは文学畑のご出身でした)、ここで竹村さんの著作をいくつか紹介させてください。竹村さんが山頂で撒いたどのような種が山の裾まで転がって芽を出し、本書のような入門書が生まれたのかを、ぜひ多くの人に知ってほしいと思います。

映像表現・文学表現にまたがって竹村さんが編んだ論集としては先述の『欲望・暴力のレジーム――揺らぐ表象/格闘する理論』、現実と切り結ぶ「理論」の力を強く感じることのできる★『愛について――アイデンティティと欲望の政治学』(岩波書店、二〇〇二)、竹村さんのバトラー読解や精緻なフェミニズム理論の検討が重点的に読める★『境界を攪乱する――性・生・暴力』(岩波書店、二〇一三)のいずれもが必読です。

演劇およびアートの表現に関しては山田創平・樋口貞幸編『たたかうLGBT&アート――同性パートナーシップからヘイトスピーチまで、人権と表現を考えるために』（法律文化社、二〇一六）という本が出版されています。とりわけこの本の中に収められているブブ・ド・ラ・マドレーヌさんの「日本におけるLGBTの権利擁護運動とアート――dumb type『S/N』をきっかけに」は読みやすい文章ですのでまず読んでみることを勧めます。そして何より、クィアとアートと言うならばまさにこの『S/N』という極めて優れた作品の分析を外すことはできません。日本国内では竹田恵子さんが『S/N』およびこの作品にとっての最重要人物である古橋悌二さんについて研究をなさっています。竹田恵子「ダムタイプによるパフォーマンス《S/N》（1994）の物語構造分析」（『演劇映像学』二〇一〇年第一号）はじめ、竹田さんの研究にぜひ触れてみてください。そしてなによりも、『S/N』の映像記録を観る機会があれば逃さず観ることを勧めます（『S/N』は記録DVDが発売されていませんので、記録映像は上映会などの限られた機会でしか観ることができません）。

†学校教育

若年のセクシュアルマイノリティを支援するためにも、教育の問題を考えていくことは重要です。加藤慶・渡辺大輔編著『セクシュアルマイノリティをめぐる学校教育と支援増補版――エンパワメントにつながるネットワークの構築にむけて』（開成出版、二〇一二）が基礎的な論点を押さえつつ歯ごたえのある多数の論考を収めていて必読です。編著者の一人の渡辺大輔さんはセクシュアルマイノリティと教育の問題に関する日本での第一人者で、硬軟合わせて多くの文章をお書きです。検索して気になったものを読むとよいかと思います。

†法律・裁判

これまでに世界各国でセクシュアルマイノリティに関するどのような裁判がおこなわれ、どのような判決がなされてきたのかをまず知るためには、谷口洋幸・齊藤笑美子・大島梨沙編著『性的マイノリティ判例解説』（信山社、二〇一一）がコンパクトで極めて有用です。編著者の三人の書かれた論文もどれも必読ですので、検索して気になったものを読んでみてください。日本の刑事事件については『季刊刑事弁護』八九号（二〇一七）が「セクシュアルマイノリティの刑事弁護」という特集を組んでおり、こちらも必読です。

また、二〇一七年現在セクシュアルマイノリティと法律というと、七章でもとりあげた性同一性障害あるいは同性婚の問題がとりあげられますが、他にも重要な問題は多数存在し、とりわけセクシュアルマイノリティに対する差別を禁止する法律の制定は急務です。この論点に関しては、LGBT法連合会編『「LGBT」差別禁止の法制度って何だろう？——地方自治体から始まる先進的取り組み』（かもがわ出版、二〇一六）が詳しいです。

以上、かなり多くの本や論文を紹介してきましたが、まだまだ紹介しきれない多数の文献が存在します。そこで、本書で紹介した文献以外にもさらにいろいろと読んでみたい人、あるいは学問に限らずセクシュアルマイノリティに関するどんな本があるのかを知りたい人向けに、原ミナ汰・土肥いつき編著『にじ色の本棚』（三一書房、二〇一六）というブックガイドを勧めます。知ることが世の中をよくすることに貢献するなら（私はそう信じていますが）、読むことはその第一歩として簡単でかつとても有用です。どうぞ、いろいろな文献に触れてみてください。

おわりに

学術書でも小説でも、私は手に取ったらまずは「おわりに」や「あとがき」のページを開いて読みます。あまり行儀のよくない読み方かなと思いつつも、やめられません。そして、かなり多くの読者が、私と同じ習慣を持っているのでは、と推測します。

だから言ってしまいます。本書はそれほど分量の多い本ではありませんが、読書案内とこの「おわりに」を除く文章の各段落冒頭の一文だけを拾って読んでいくと、全体の骨格が理解できるようになっています。厳密なパラグラフ・ライティングになっているかは心許ないのですが、議論の構造が読み取りやすく、時間のない読者にも資するようにと思って書きましたので、ぜひ「拾い読み」を試してみてください。

たった今「時間のない読者」と書きました。もちろん日々忙しいビジネスパーソンを想定して、という側面もあるにはあるのですが、私が一番に想定しているのは試験前に一夜漬けで勉強している学生です。裏を返せば、私は本書を「あんちょこ」としてきちんと使えるものにしたいと思って書いたのです。

クィア・スタディーズについては、専門的な論文が日本語でも読めるようになってきていますし、ハードルを上げてよければ難解な議論はいくらでも可能です（私には不可能でも、日本や世界には優秀な研究者がたくさんいますので、その方たちには可能です）。でも、セクシュアルマイノリティについて知らない、どころか場合によっては知ることを周囲から禁じられてきた学生をクィア・スタディーズの具体的な研究にいきなり触れさせるのは、泳げない人間を救命胴衣もフィンもなしに海に突き落とすのと同じです。そうではなく、クィア・スタディーズの「スタートライン」よりもかなり前からゆっくりと伴走した上で、レースの中盤から終盤でぐっと走者を前に押し出すような営みが必要であり、また私の大学教師としての役目はそこにあるのだろうな、と思っています。

もちろん、学問、あるいは知るという営みそのものはレースでは全くないのですが、単位を取るための試験やらレポートやらがレースのような意味合いを持ってしまうのも事実です。だとすれば、伴走者は腹を括ってレースに「勝てる」作戦を練ったほうがよい。本書の構成や文体は、このような私の感覚から選ばれたものです。

そして、実際にはレースをしない、ただ読んで知りたい、読むことを楽しみたいという読者にとっても、この作戦は功を奏するだろうと私は考えています。なぜなら、最短距離で遠くまで早く行けるルートをまず知ることは、その後の「立ち止まり」や「寄り道」の質や自由度を上げこそすれ、下げることはないからです。質の高い「あんちょこ」は、「あんちょこ」以上の意義を持つはずだ、と言い換えてもよいかもしれません。私の作成した「あんちょこ」がそうなっているか、ぜひお読みになって判断していただければ、と思います。

本書の内容に直接かかわるアドバイスをいただいたみなさんにお礼を述べます。X-gender研究会のみなさんには、草稿検討会をしてもらいました。また、本書執筆中の二〇一六年四月に私は助教を務めていた東京大学を離れ、早稲田大学文学学術院に着任しました。早稲田大学戸山キャンパスではセクシュアルマイノリティに関する授業をいくつも受け持つことができ、そこでの学生の反応から、本書の記述は多くのヒントを得ています。みなさん、ありがとうございました。

そして何より、早稲田大学での「森山ゼミ」一期生の金森日向子さん、岸田理沙さん、熊井春奈さん、小林晶穂さん、権野陽介さん、謝沐風さん、萩原美佳さん、松尾知華さん、松浦瞳さん、丸山未紗さんに最大級の感謝を述べねばなりません。私の着任前に志望ゼミを決めねばならないため、この一〇人は私の名前も顔も研究内容も知らないまま、「クィア・スタディーズゼミ」という看板と簡単なゼミの内容紹介だけを頼りに私のゼミを志望してくれました。また、本書草稿をゼミ内で時間をかけて丁寧に（そして、かなり辛辣に！）検討してくれました。本書が少しでもわかりやすく意味のあるものになっているとしたら、それは紛れもなくこの一〇人のおかげです。本当にありがとうございました。もちろん、本書の内容に関する全ての責任が私にあることは言うまでもありません。

本書執筆においては、筑摩書房の橋本陽介さんに大変お世話になりました。筆の遅い私を「他にもっと遅い書き手はたくさんいます、十分順調なペースです」と励ましていただいたお陰で、なんとか書きあげることができました。「もっと遅い書き手」が誰かとても気になるのですが、もし私が面識のある方だったら、あまり踏み込みたくない深い闇に踏み込むことになりそうですね……怖いのでやはり訊かないことにします。まわりくどい私の文章が少しでも読みやすくなっているとすれば、それは橋本さんの的確なアドバイスのおかげです。本当にありがとうございました。

なお、本書は文部科学省科学研究費補助金（若手研究（B）「同性婚の社会学――親密な関係性を全体社会に位置づける現代的プロジェクトの研究」）および早稲田大学特定課題研究助成費（「クィア・スタディーズの学際性に関する基礎研究」）による研究成果の一部である。

参考文献

第一章

村山敏勝（二〇〇五）『（見えない）欲望へ向けて――クィア批評との対話』人文書院
佐藤裕（二〇〇五）『差別論――偏見理論批判』明石書店
キース・ヴィンセント・風間孝・河口和也（一九九七）『ゲイ・スタディーズ』青土社

第二章

赤枝香奈子（二〇一一）『近代日本における女同士の親密な関係』角川学芸出版
村上隆則・石田仁（二〇〇六）「戦後日本の雑誌メディアにおける「男を愛する男」と「女性化した男」の表象史」矢島正見編著『戦後日本女装・同性愛研究』中央大学出版部
Weeks, Jeffrey, 1986, *Sexuality*, London & New York: Routledge.（＝上野千鶴子監訳『セクシュアリティ』河出書房新社、一九九六）

第三章

赤枝香奈子（二〇一一）『近代日本における女同士の親密な関係』角川学芸出版
赤枝香奈子（二〇一四）「戦後日本における「レズビアン」カテゴリーの定着」小山静子・赤枝香奈子・今田絵里香編『セクシュアリティの戦後史』京都大学学術出版会
赤川学（一九九九）『セクシュアリティの歴史社会学』勁草書房
Conrad, Peter & Joseph W. Schneider, 1992, *Deviance and Medicalization: From Badness to Sickness*, Expanded ed., Philadelphia: Temple University Press.（＝進藤雄三監訳／杉田聡・近藤正英訳『逸脱と医療化――悪から

病いへ』ミネルヴァ書房、二〇〇三）
古川誠（一九九四）「セクシュアリティの変容――近代日本の同性愛をめぐる3つのコード」『日米女性ジャーナル』17
伏見憲明（一九九一）『プライベート・ゲイ・ライフ――ポスト恋愛論』学陽書房
Gowing, Laura, 2006, "Lesbians and Their Like in Early Modern Europe, 1500-1800," in Robert Aldrich (ed.), *Gay Life and Culture: A World History*, London: Thames & Hudson.（＝田中英史・田口孝夫訳『同性愛の歴史』東洋書林、二〇〇九）
石田仁（二〇一四）「戦後日本における「ホモ人口」の成立と「ホモ」の脅威化」小山静子・赤枝香奈子・今田絵里香編『セクシュアリティの戦後史』京都大学学術出版会
Jacksonn, Julia, 2015, "The Homophile Movement," in David Paternotte and Manon Tremblay (eds.), *The Ashgate Research Companion to Lesbian and Gay Activism*, Farnham: Ashgate, 31-44.
掛札悠子（一九九二）『「レズビアン」である、ということ』河出書房新社
河口和也（二〇〇三）『クィア・スタディーズ』岩波書店
前川直哉（二〇一〇）「大正期における男性「同性愛」概念の受容過程――雑誌『変態性慾』の読者投稿から」『解放社会学研究』24
前川直哉（二〇一一）『男の絆――明治の学生からボーイズ・ラブまで』筑摩書房
森山至貴（二〇一二）『「ゲイコミュニティ」の社会学』勁草書房
野田恵子（二〇〇五ａ）「イギリスにおける性とジェンダーの政治学――女性「同性愛」の不可視性とその歴史的背景」『女性学』13
野田恵子（二〇〇五ｂ）「十九世紀末イギリスにおける性と愛――「オスカー・ワイルド事件」の歴史的位相とその効果」『ソシオロゴス』29
Plummer, Ken, 1995, *Telling Sexual Stories: Power, Change and Social World*, London: Routledge.（＝桜井厚他

訳『セクシュアル・ストーリーの時代——語りのポリティクス』新曜社、一九九八）
酒井隆史（一九九六）「性的指向性とアイデンティティ——アメリカ合衆国におけるゲイ運動の展開への考察」『社会学年誌』37
砂川秀樹監著（二〇〇一）『パレード——東京レズビアン&ゲイパレード２０００の記録』ポット出版
ヴィンセント・キース・風間孝・河口和也（一九九七）『ゲイ・スタディーズ』青土社

第四章

Califia, Patrick, 2003, *Sex Changes: Transgender Politics* (2nd edition), San Francisco: Cleis Press.（＝石倉由・吉池祥子他訳『セックス・チェンジズ——トランスジェンダーの政治学』作品社、二〇〇五）
Dale, S. P. F., 2012,「日本のトランスジェンダー・性同一性障害論における「外国」・「異文化」の役割」『AGLOS』(Special Edition) (http://dept.sophia.ac.jp/g/gs/wp-content/uploads/2013/12/The-Role-of-the-Foreign.pdf ２０１７年２月８日閲覧)
Devor, Aaron H. and Nicholas Matte, 2006, "ONE Inc. and Reed Erickson: The Uneasy Collaboration of Gay and Trans Activism, 1964-2003," in Susan Stryker and Stephen Whittle (eds.), *The Transgender Studies Reader*. New York: Routledge, 387-406.
Feinberg, Leslie, 1992, *Transgender Liberation: A Movement Whose Time Has Come*, New York: World View Forum.
村上隆則・石田仁（二〇〇六）「戦後日本の雑誌メディアにおける「男を愛する男」と「女性化した男」の表象史」矢島正見編著『戦後日本女装・同性愛研究』中央大学出版部
河口和也（二〇〇三）『クィア・スタディーズ』岩波書店
三橋順子（二〇〇八）『女装と日本人』講談社

三橋順子（二〇一五）「日本トランスジェンダー小史――先達たちの歩みをたどる」『現代思想』43⒃
Stryker, Susan, 2008, *Transgender History*, Berkeley: Seal Press.
虎井まさ衛（二〇〇三）『男の戸籍をください』毎日新聞社
筒井真樹子（二〇〇三）「ヴァージニア・プリンスとトランスジェンダー」米沢泉美編著『トランスジェンダリズム宣言――性別の自己決定権と多様な性の肯定』社会批評社
Valentine, David, 2007, *Imagining Transgender: An Ethnography of a Category*, Durham: Duke University Press.

第五章

浅田彰・鄭暎惠・クレア・マリィ・河口和也（一九九七）「レズビアン／ゲイ・スタディーズの現在」『現代思想』25⑹
Culler, Jonathan, 1982, *On Deconstruction: Theory and Criticism after Structuralism*, Ithaca, New York: Cornell University Press.
Culler, Jonathan, 2007, *The Literary in Theory*, Stanford, CA: Stanford University Press.（＝折島正司訳『文学と文学理論』岩波書店、二〇一一）
本郷正武（二〇〇七）『ＨＩＶ／ＡＩＤＳをめぐる集合行為の社会学』ミネルヴァ書房
河口和也（二〇〇三）『クィア・スタディーズ』岩波書店
風間孝（一九九七）「エイズのゲイ化と同性愛者たちの政治化」『現代思想』25⑹
Der Lauretis, Teresa, 1991, "Queer Theory: Lesbian and Gay Sexualities; An Introduction," *Differences*, 3(2).（＝大脇美智子訳「クィア・セオリー――レズビアン／ゲイ・セクシュアリティ　イントロダクション」『ユリイカ』28⒀、一九九六）
Namaste, Ki, 1996, "The Politics of Inside / Out: Queer Theory, Poststructuralism, and a Sociological Approach

to Sexuality," in Steven Seidman ed. *Queer Theory/Sociology*. Cambridge: Blackwell, 194-212.
岡島克樹・河口和也・風間孝（二〇一〇）「訳者あとがき」デニス・アルトマン、岡島克樹・河口和也・風間孝訳『ゲイ・アイデンティティ——抑圧と解放』岩波書店
Shilts, Randy, 1987, *And The Band Played On: Politics, People, and The AIDS Epidemic*, London: Penguin.（＝曽田能宗訳『そしてエイズは蔓延した（上）（下）』草思社、一九九一）
新ヶ江章友（二〇一三）『日本の「ゲイ」とエイズ——コミュニティ・国家・アイデンティティ』青弓社
Spivak, Gayatri Chakravorty, 1988, "Can the Subaltern Speak?" in Cary Nelson & Lawrence Grossberg eds., *Marxism and the Interpretation of Culture*, Urbana-Champaign: University of Illinois Press. 271-313.（＝上村忠男訳『サバルタンは語ることができるか』みすず書房、一九九六）
Spivak, Gayatri Chakravorty, 1999, *A Critique of Postcolonial Reason: Toward a History of the Vanishing Present*, Cambridge: Harvard University Press.（＝上村忠男・本橋哲也訳『ポストコロニアル理性批判——消え去りゆく現在の歴史のために』月曜社、二〇〇三）

第六章

Austin, J.L., 1962, *How to Do Things with Words* (Second Edition). Oxford: Oxford University Press.（＝坂本百大訳『言語と行為』大修館書店、一九七八）
Butler, Judith, 1990, *Gender Trouble: Feminism and The Subversion of Identity*, London and New York: Routledge.（＝竹村和子訳『ジェンダー・トラブル——フェミニズムとアイデンティティの攪乱』青土社、一九九九）
Derrida, Jacques, 1990, *Limited Inc.*, Paris: Galilée.（＝高橋哲哉他訳『有限責任会社』法政大学出版局、二〇〇三）
Duggan, Lisa, 2003, *The Twilight of Equality?: Neoliberalism, Cultural Politics, and the Attack on Democracy*,

Boston: Beacon Press.
Halberstam, Judith, 1998, *Female Masculinity*, Durham, NC: Duke University Press.
河口和也（二〇〇三）『クィア・スタディーズ』岩波書店
小宮友根（二〇一一）『実践の中のジェンダー――法システムの社会学的記述』新曜社
森山至貴（二〇一七）「セクシュアルマイノリティとネオリベラリズム」『解放社会学研究』30
Puar, Jasbir K., 2007, *Terrorist Assemblages: Homonationalism in Queer Times*, Durham and London: Duke University Press.
Salih, Sara, 2002, *Judith Butler*, London and New York: Routledge.（＝竹村和子他訳『ジュディス・バトラー』青土社）
Sedgwick, Eve Kosofsky, 1985, *Between Men: English Literature and Male Homosocial Desire*, New York: Columbia University Press.（＝上原早苗・亀澤美由紀訳『男同士の絆――イギリス文学とホモソーシャルな欲望』名古屋大学出版会、二〇〇一）
清水晶子（二〇一三）「「ちゃんと正しい方向にむかってる」――クィア・ポリティクスの現在」三浦玲一・早坂静編著『ジェンダーと「自由」――理論、リベラリズム、クィア』彩流社
Stryker, Susan, 2008, "Transgender History, Homonormativity, and Disciplinarity", *Radical History Review*, 100: 145-57.
竹村和子（二〇〇二）『愛について――アイデンティティと欲望の政治学』岩波書店
Warner, Michael, 1991, "Introduction: Fear of a Queer Planet". *Social Text* 29: 3-17.

第七章

American Psychiatric Association, 2013, "Gender Dysphoria,"（https://psychiatry.org/File%20Library/Psychiatrists/Practice/DSM/APA_DSM-5-Gender-Dysphoria.pdf）.

Chauncey, George, 2004, *Why Marriage?: The History Shaping Today's Debate over Gay Equality*, New York: Basic Books.（＝上杉富之・村上隆則訳『同性婚――ゲイの権利をめぐるアメリカ現代史』明石書店）
笠原俊宏（二〇〇七）「オランダ登録パートナーシップ抵触法（二〇〇五年）」『東洋法学』51(1)
志田哲之（二〇〇九）「同性婚批判」関修・志田哲之編『挑発するセクシュアリティ――法・社会・思想へのアプローチ』新泉社
清水雄大（二〇〇七）「日本における同性婚の法解釈〈上〉」『法とセクシュアリティ』2
清水雄大（二〇〇八）「同性婚反対論への反駁の試み――『戦略的同性婚要求』の立場から」*Gender and Sexuality: Journal of Center for Gender Studies, ICU* 3, 95-120.
谷口洋幸（二〇一三）「同性間パートナーシップと法制度」(http://synodos.jp/society/3465)
鶴田幸恵（二〇〇九）『性同一性障害のエスノグラフィ――性現象の社会学』ハーベスト社
森山至貴（二〇一七）「セクシュアルマイノリティとネオリベラリズム」『解放社会学研究』30
吉野靫（二〇〇八）「ＧＩＤ規範からの逃走線」『現代思想』36(3)

※本文内では直接引用した部分のみ文中に出典を表記した。

ちくま新書
1242

LGBTを読《よ》みとく
――クィア・スタディーズ入門《にゅうもん》

二〇一七年三月一〇日　第一刷発行
二〇二四年一〇月五日　第一三刷発行

著者　森山至貴（もりやま・のりたか）

発行者　増田健史

発行所　株式会社　筑摩書房
東京都台東区蔵前二-五-三　郵便番号一一一-八七五五
電話番号〇三-五六八七-二六〇一（代表）

装幀者　間村俊一

印刷・製本　三松堂印刷　株式会社

ISBN978-4-480-06943-6 C0236